KOPF AUS.
ZÜNDUNG AN.
LOSMACHEN!

Oliver Raatz

AB DURCH DEUTSCHLAND!

15 ROADTRIPS MIT BULLI & CO

BRUCKMANN

FÜR JULIA

TOURENÜBERSICHT

01 INSELHOPPER Seite 26

02 HARZ Seite 44

03 SEENPLATTEN Seite 58

04 SANDSTEIN Seite 70

05 NORDWELLE Seite 82

06 RHEINTAL Seite 100

07 PLATTLAND Seite 112

08 URWALD Seite 124

09 VORALPEN Seite 136

10 OSTWELLE Seite 150

11 BURGRUINEN Seite 168

12 BODENSEE Seite 180

13 RHÖN Seite 190

14 FRANKEN Seite 202

15 HEIDE Seite 212

LOSMACHEN 11
WELCHER CAMPER? 15
TOURENPLANUNG 18

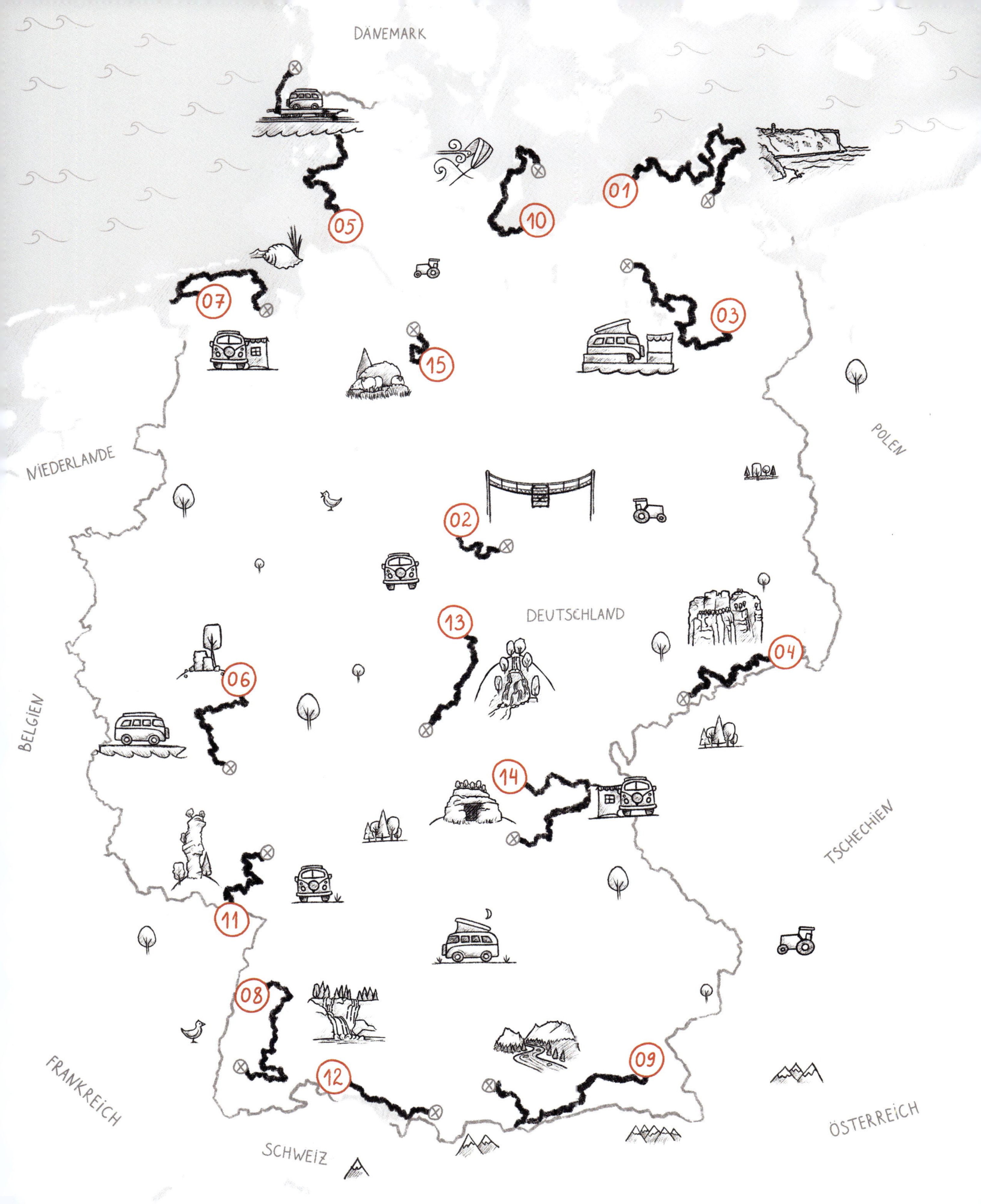
DÄNEMARK
NIEDERLANDE
POLEN
DEUTSCHLAND
BELGIEN
TSCHECHIEN
FRANKREICH
SCHWEIZ
ÖSTERREICH
01
02
03
04
05
06
07
08
09
10
11
12
13
14
15

LOSMACHEN

Eine meiner größten Freuden als Kind war es, Höhlen zu bauen. Unterm Esstisch, im Garten, am liebsten aber in unserem alten Ford Sierra Kombi. Die Fenster mit Handtüchern abhängen, Sofakissen rein und schon hatte man sich den ultimativen Rückzugsort auf vier Rädern gebaut. Dumm nur, dass meine Konstruktion bei jeder Fahrt weitestgehend abgebaut werden musste.

Seitdem sind viele Jahre vergangen, in denen ich zahlreiche Roadtrips in Campern, Bullis oder modifizierten Kombis zurückgelegt habe. Durch Südafrika, die USA, Kanada, Spanien, Portugal, Italien, Dänemark ... aber niemals durch die eigene Heimat: durch Deutschland.

Das wollte ich ändern, weshalb ich mich die letzten Jahre zu zahlreichen Touren durch Deutschland aufgemacht habe – mit unterschiedlichen Begleitern und Bullis. Meine Eindrücke, Erkenntnisse und Highlights hältst du nun gesammelt in deinen Händen. Eigentlich sollte es »nur« ein Bildband werden. Herausgekommen ist ein Bildband mit Bausteinen eines Reiseführers und persönlichen Eindrücken ähnlich einem Tagebuch. Dieses Buch soll dich dazu inspirieren, unsere Heimat aus neuen Perspektiven zu betrachten. Und im besten Fall dazu motivieren, unbekannte oder vielleicht auch bekannte Orte selbst neu zu entdecken.

Deutschland hat vielleicht keine Grand Canyons oder unberührten Dschungel zu bieten. Häufig ist es auch eine Herausforderung, einen gemütlichen und legalen Wildcampingplatz zu finden. Doch ist nicht gerade das auch ein Grund dafür, dass wir uns auf Tour begeben? Nämlich um dem »gemütlichen und kontrollierten« Alltag zu entkommen, das Leben passieren zu lassen und spontan zu entscheiden, wohin es an der nächsten Abzweigung gehen soll?

So viel vorweg: Ja, es gibt sie. Die traumhaften Spots und versteckten Canyons – auch wenn es sich dabei vielleicht nur um einen von Menschenhand geschaffenen Steinbruch handelt. Manchmal muss man eben nur mit anderen Augen auf unsere Welt schauen.

Happy Roadtripping!

Oli & Friends

ÜBER

Bevor es mit den Touren losgeht, hier eine kurze Anleitung, wie dieses Buch zu lesen ist und was du vor dem Start zu deiner ersten Tour berücksichtigen solltest. Wie findest du einen Schlafplatz? Was sind »Must-haves«, die du in deinem Camper immer dabeihaben solltest? Wie planst du eine Route und welche Tools können dich dabei unterstützen? Antworten gibt's auf den folgenden Seiten.

Falls du aber vorerst keine Lust auf Hintergrundinfos hast und dir stattdessen Deutschland als Bulli-Reiseziel sofort anschauen willst, dann überspringe einfach die ersten Seiten und tauche direkt in die Touren ein.

KEIN REISEFÜHRER. KEIN BILDBAND. KEIN TAGEBUCH.

... und doch von allem ein bisschen etwas. Die in diesem Buch vorgestellten Touren und Spots sind persönliche Empfehlungen aufgrund meiner Erfahrungen, die ich auf meinen Reisen durch Deutschland gemacht habe. Dabei gibt es Regionen, die ich wie meine Westentasche kenne, und wieder andere, die ich nur einmal bereist habe und von denen ich daher nur einen verhältnismäßig oberflächlichen Eindruck gewinnen konnte.

Die Tourenvorschläge sollen dir vor allem einen Einblick in die Vielfalt Deutschlands geben und aufzeigen, welche Regionen für deinen nächsten Roadtrip spannend sein könnten. Auf den skizzierten Karten zu Beginn einer jeden Tour findest du wichtige Spots (Schlafplätze, Hikes, Gastro-Tipps oder sonstige Sehenswürdigkeiten), die auf den darauffolgenden Seiten genauer beschrieben werden. Außerdem ergänzend die Angaben zu Streckenlänge und Fahrtdauer sowie einen Link (z. B. oliverraatz.de/nordwelle), über den du die Positionsangaben sowie den exakten Straßenverlauf und teilweise weitere Spotempfehlungen erhältst.

Eine gute Vorbereitung ist wichtig. Genauso wichtig ist es aber auch, die Checklisten zwischendurch im Handschuhfach liegen zu lassen und einfach den Moment zu genießen. Gerade beim Reisen mit dem Camper geht es schließlich um die Freiheit, spontane Entscheidungen zu treffen und neue Regionen auf eine individuelle Art zu entdecken.

Nutze dieses Buch, um dir einen Eindruck von neuen oder bekannten Regionen zu verschaffen. Mach dir einen groben Plan und lass deine ganz persönliche Tour beginnen. Dann kann es heißen: Losfahren. Kopf aus. Entdeckermodus an!

MEIN ANTRIEB

Wie im Vorwort beschrieben, hat mich das Wohnen und Reisen auf vier Rädern schon immer fasziniert. Es gibt wenige vergleichbare Reisemethoden, die so viel Flexibilität und Unabhängigkeit bieten. Hinzu kommt meine große Leidenschaft für das Draußensein.

Vielleicht liegt es daran, dass ich die ersten 13 Jahre meines Lebens in Venezuela und Südafrika aufgewachsen bin. Länder, die eine vielseitige und

wunderschöne Natur zu bieten haben und in denen man den Großteil seiner Freizeit im Freien verbringt. In den Ferien haben wir häufig große Ausflüge in die Natur unternommen: Wir machten Safaris, wanderten zu Wasserfällen, bauten Strandbuden oder zelteten an Flüssen und Seen. Es gab nichts Größeres für mich, als mich frei in der Natur zu bewegen und die Welt um mich herum zu erkunden.

Als ich dann nach Deutschland kam, habe ich lange gebraucht, um mich an das durchstrukturierte Leben zu gewöhnen. So viele Menschen auf einer so kleinen Fläche lassen nun mal nicht viel Raum für unberührte Natur. Hinzu kamen Pubertät, Partys und Flirts – was den Fokus auf Outdoor-Abenteuer immer weiter in den Hintergrund rücken ließ.

Nach dem Zivildienst unternahm ich mit einem Freund einen dreimonatigen Streifzug in einem umgebauten alten Chevy Van durch die USA und Kanada. Wir kauften uns einen Nationalpark-Jahrespass und fuhren quer durchs Land, von einem Naturschutzgebiet in das nächste. Wohl kaum ein Land eignet sich besser für einen solchen Roadtrip: Es gibt atemberaubende Naturschutzgebiete, ein optimal ausgebautes Straßennetz und überall Walmart-Parkplätze, wo man unauffällig und ungestört über Nacht stehen kann. Irgendwann liefen wir wie selbstverständlich mit unseren Waschbeuteln und Handtüchern in den Supermarkt, um uns frisch zu machen.

Es war der perfekte Roadtrip. Und hatte einen Riesennachteil: Ich war »versaut«! Mich nach dieser unvergesslichen Erfahrung auf Erkundungstour durch das »langweilige« Deutschland machen …? Lächerlich.

Und so vergingen viele Jahre: Ausbildung bei Adidas in Herzogenaurach, Studium in Dortmund, erster Job in Hamburg. Bis zu dem Tag, als sich mein Freund Wolf einen T3 kaufte, eine überdrehte Kitelehrerin kennenlernte und anfing, regelmäßig ans Meer zum Kitesurfen zu fahren. Ich musste mich nur auf den Beifahrerplatz setzen – und von heute auf morgen war alles anders.

HAUPTSACHE RAUS

Neben Beruf und Alltag, Partys und ab und zu Surfen im Urlaub hatte ich plötzlich die Möglichkeit, spontan übers Wochenende einfach ans Meer zu fahren. Das veränderte alles. Nach dem Wochenende war vor dem Wochenende. Und so fingen wir bereits ab Dienstag an, regelmäßig den Wind-Forecast zu checken, um zu schauen, wohin wir das nächste Wochenende zum Kiten fahren könnten. Es gibt wohl kaum eine Sportart, die einen die Gezeiten und Witterungen der Natur deutlicher spüren lässt. Ich kann bis heute nicht genug von diesem Gefühl bekommen.

Diese zusätzliche »Ebene« in meinem Leben zu haben, ließ mich Herausforderungen im Job oder Alltag nicht mehr allzu schwer nehmen. Wenn ich auf dem Wasser oder generell in der Natur bin, kann ich durchatmen, Kraft tanken und auf neue Ideen kommen. Mir geht es einfach viel besser, wenn ich zwischendurch rauskomme. Da ist es häufig erst mal egal, ob ich vor dem größten Wasserfall der Welt stehe oder einen Spaziergang durch den nächstgelegenen Wald mache. Wobei neue Regionen entdecken noch mehr Spaß macht.

KLIMASCHUTZ

Bei aller Motivation, die Welt zu erkunden, sollte der Schutz der Umwelt nicht zu kurz kommen. Gerade das Fliegen in weit entfernte Länder führt zu hohen CO_2-Emissionen. Allerdings produziert man auch als Bulli-Fahrer nicht zu verachtende Emissionen, vor allem, wenn man regelmäßig unterwegs ist oder weit entfernte Ziele ansteuert.

Daher nehme ich für all meine Bulli-Fahrten einen CO_2-Ausgleich über den renommierten Anbieter ARKTIK vor. ARKTIK ist ein von führenden Klimaexperten empfohlenes und mehrfach ausgezeichnetes Klimaschutz-Unternehmen aus Hamburg, über das man seine produzierten Emissionen berechnen und diese anschließend durch den Kauf einer Vignette neutralisieren kann. Mach mit! Mehr auf www.arktik.de.

WELCHER CAMPER?

Eine Frage. Tausend Antworten. Mit diesem Thema kann man sich wahrscheinlich ein Leben lang beschäftigen und man würde trotzdem niemals die perfekte Lösung finden. Denn es gibt immer etwas zu optimieren.

Alle Modelle mit ihren Vor- und Nachteilen zu beschreiben, würde an dieser Stelle zu weit führen. Allerdings habe ich über die Jahre einige positive wie negative Erfahrungen mit Autos zum Reisen und Schlafen gesammelt. Daher gibt es zur Orientierung hier einige wichtige Fragen, die du dir vor deiner Suche nach dem optimalen Camper stellen solltest.

Wie hoch ist dein Budget?
Im ersten Schritt sicherlich die entscheidendste Frage. Dabei solltest du nicht nur die initialen, sondern vor allem auch die laufenden Kosten im Blick behalten. Alte Autos sind in der Anschaffung meist günstiger, können sich aber schnell zum Fass ohne Boden entwickeln. Ich spreche aus Erfahrung. Nimm dir beim Gebrauchtwagenkauf lieber mehr als weniger Zeit. Lass das Auto vor dem Kauf von einer Fachwerkstatt oder einem Spezialisten untersuchen. Und kaufe vor allem niemals ein Auto, nur weil du dich gerade darin verliebt hast.

Zu Beginn muss es auch nicht immer direkt ein echter Bulli sein. Ich habe viele Freunde, die lange Zeit mit einem alten, gut erhaltenen und günstigen Kombi durch das Land getourt sind. Man darf auch klein anfangen und sich langsam vorarbeiten.

Concorde

WALDEN
AHOI BULLIS
COAST

Wie viel Zeit willst du investieren?
Das beginnt mit der Suche nach deinem Wunschauto und endet mit der Zeit, die du für mögliche Reparaturen, Ausbauten und Instandhaltung aufwenden willst. Hier spielt natürlich auch eine Rolle, ob du selbst an deinem Auto schrauben willst oder nicht.

Natürlich wollen viele einen kultigen alten VW fahren. Fast immer bedeutet das jedoch auch, dass man am Ende sehr viel Zeit investieren muss. Denn: begehrter Markt, kleines Angebot und meist fehleranfällige Autos. Manchmal macht es eben doch Sinn, sich für einen weniger kultigen Hersteller oder ein modernes Auto zu entscheiden.

Für was willst du ihn nutzen?
Liebhaberobjekt? Alltäglicher Transportwagen, mit dem du ab und zu einen Ausflug machen willst? Bist du hauptsächlich allein unterwegs oder mit Familie? Hast du Surf-Equipment oder sonstiges sperriges Gepäck dabei? Willst du nur übers Wochenende unterwegs sein oder oft für mehrere Wochen am Stück? Brauchst du dann doch das explizite Reisemobil, mit dem du jährlich über eine längere Zeit unterwegs sein kannst?

Wenn du den Wagen auch im Alltag brauchst, würde zum Beispiel ein Multivan Sinn machen. Mit ihm bist du maximal flexibel und kannst den Raum beliebig einteilen. Weißt du jedoch, dass du mit dem Camper regelmäßig verreisen und dann darin auch kochen willst, kann die feste Küche des California mehr Sinn machen.

Brauchst du wenig Platz, reicht dir vielleicht schon ein Kastenwagen. Hierfür gibt es inzwischen sehr spannende Ausbauten unterschiedlicher Hersteller samt Bett, Sitzgelegenheit und Staufächern. Falls du viel Platz brauchst, könnte ein Crafter oder Sprinter die Lösung sein. Es ist auch einfach toll, wenn man nicht jedes Mal die Küche oder das Bett neu aufbauen muss und unterwegs reichlich Platz für Hobbys hat.

Erst mal testen!
Bevor du dich festlegst, kann es wie so häufig Sinn machen, für einige Tage mit einem geliehenen Bulli loszufahren. So kannst du einmal im »echten Leben« ausprobieren, ob dir diese Art des Reisens überhaupt Spaß macht, wie viel Platz du brauchst und worauf du gegebenenfalls verzichten kannst.

Camper-Verleiher gibt es inzwischen viele. Aber es gibt auch immer noch das Original: die AHOI BULLIS. Ich kenne die Jungs seit vielen Jahren und es ist kein Geheimnis, dass sie mich bei der Produktion dieses Buches tatkräftig unterstützt haben. Denn leider stand mein Bulli während der Touren für dieses Buch die meiste Zeit in der Werkstatt und konnte einfach nicht zum Laufen gebracht werden. Und so erhielt ich einen Ahoi Bulli, um trotzdem meine Touren abfahren zu können.

Es sind vielleicht nicht die günstigsten Anbieter, aber wenn man bedenkt, wie viel Geld man mit einem falschen Kauf in den Sand setzen kann, ist der Preis relativ. Ich würde AHOI BULLIS nicht empfehlen, wenn ich nicht wüsste, dass man hier stets die absolut gepflegtesten und neuesten Bullis samt individueller Tourenberatung und Topservice bekommt. Auf die Jungs ist einfach Verlass!

WILDCAMPING & STELLPLÄTZE

Das »freie Campen« ist in Deutschland eine Herausforderung. Leider wird es in unserem Land nicht gerne gesehen, dass Menschen einfach so in ihrem Fahrzeug übernachten. Natürlich gibt es auch immer die Möglichkeit, sich beim nächstgelegenen öffentlichen Campingplatz einzubuchen. Diese sind jedoch nicht selten überfüllt, schränken die Flexibilität ein und das Ambiente auf diesen bis auf den Millimeter durchgeplanten Parzellen-Schachbrettern entspricht nicht zwangsläufig dem »Vanlife-Gedanken«.

Nachfolgend daher einige Fakten zur rechtlichen Ausgangslage beim Wildcamping sowie ein paar Tipps, wie ich auf der Suche nach einem gemütlichen Schlafplätzchen meist vorgegangen bin.

Gesetzliche Regelung
Grundsätzlich sieht der Gesetzgeber vor, dass du eine Sondernutzung, also Genehmigung, beantragen musst, um in deinem Bulli oder Wohnmobil zu schlafen.

Glücklicherweise gibt es eine Gesetzeslücke: Sofern das Schlafen in deinem Fahrzeug der Wiederherstellung deiner Fahrtüchtigkeit dient, ist es erlaubt. Für diesen Fall darfst du für eine Nacht auf einem öffentlichen Parkplatz oder am Straßenrand parken und übernachten. Dies gilt jedoch nur für eine Nacht – die zweite Nacht am gleichen Ort zu schlafen ist nicht gestattet.

Soweit die Regelung für öffentliche Plätze. Auf privaten Grundstücken braucht man wiederum eine Genehmigung des Eigentümers. Also zum Beispiel auf privaten Parkplätzen, Tankstellen, vor Hotels oder Gaststätten.

Gerade in besonders attraktiven und somit tendenziell stark besuchten Regionen kann es besonders schwer werden, einen öffentlichen Parkplatz zu finden, auf dem man über Nacht stehen darf. Meist gilt ein Parkverbot zwischen 23 Uhr und 7 Uhr morgens. Stößt man doch auf einen Platz ohne Nachtparkverbot, befindet sich dieser ziemlich sicher an einer eher ungemütlichen Stelle.

Die Safe-Spot-Strategie
Häufig suche ich mir daher noch bei Tageslicht einen möglicherweise unattraktiven, aber »sicheren und legalen« Schlafplatz. Habe ich erst einmal einen entdeckt, fahre ich entspannt zu einem schönen Platz (an dem man ziemlich sicher nicht über Nacht stehen darf) und bleibe dort so lange, bis es Zeit wird, sich aufs Ohr zu legen. Dann packe ich zusammen, mache mich bettbereit und fahre zum »Schlafparkplatz«, um mich hier mehr oder weniger direkt schlafen zu legen.

Manchmal hilft auch ein freundliches Fragen bei einem Restaurantbesitzer, ob man bis zum nächsten Tag auf einem der Parkplätze vor der Tür stehen darf. Das geht vor allem dann ganz gut, wenn man ohnehin im Restaurant gegessen und sich gut mit den Eigentümern verstanden hat.

Grundsätzlich solltest du dich bereits bei Tageslicht nach einem geeigneten Stellplatz umschauen, da man sich bei Nacht schnell wie ein »Herumtreiber« fühlt und in der Dunkelheit die Umgebung irgendwie immer ungemütlicher wirkt, als sie eigentlich ist.

Stellplatz-Apps
Glücklicherweise gibt es inzwischen einige unterschiedliche Anbieter, über die man Stellplätze suchen kann. Teilweise kostenlos, teilweise mittels Abo. Manchmal mit guten Tipps, manchmal mit weniger guten. Positive Erfahrungen habe ich mit »Stellplatz-Radar« und »StayFree« gemacht.

Bauernhöfe und sonstige alternative Schlafplätze
Gerade wenn man mehrere Tage in einer Region bleiben will, macht es Sinn, einen Stellplatz zu haben, auf dem man über eine längere Zeit stehen kann.

Die offensichtlichste und bereits angesprochene Möglichkeit sind Campingplätze. Hier gibt es himmelweite Unterschiede, aber glücklicherweise kommen immer mehr Anbieter auf den Markt, die nicht zu spießig sind und gute Stellplätze für einen kurzzeitigen Aufenthalt in einem naturbelassenen Umfeld anbieten. Vor allem Brandenburg ist hier absoluter Vorreiter.

Eine gute Alternative zum Campingplatz bietet der Stellplatzführer »Landvergnügen«. Das Prinzip: Man kauft sich eine Jahresvignette inklusive Führer und erhält die Möglichkeit, auf Bauernhöfen, Wein-

gütern, Brauerei- oder Imkereigeländen zu übernachten. Details auf www.landvergnuegen.com.

Wildcamping-Spot-Empfehlungen
Soweit ich gute Wildcamping-Spots auf meinen Touren entdecken konnte, habe ich sie in diesem Buch festgehalten. Die Parkregelungen werden jedoch stetig verändert. Bitte überprüfe daher immer selbst die aktuelle Stellplatzregelung und bedenke, dass sie sich in der Zwischenzeit geändert haben könnte.

Manchmal findet man auch nach langer Suche keinen geeigneten Parkplatz und sieht sich gezwungen, in einer Parkverbotszone zu stehen. In diesem Fall verhalte ich mich immer möglichst unauffällig und versuche, niemanden zu stören. Im Zweifel wird man geweckt und muss den Platz verlassen oder man erhält einen Strafzettel.

Solltest du einen dieser seltenen Plätze gefunden haben, an denen man eine grandiose Aussicht hat und auch noch ganz legal über Nacht stehen darf, dann halte diesen Platz bitte sauber und hinterlasse keinen Müll. Viel zu häufig habe ich gesehen, dass Camper an genau solchen Plätzen Toilettenpapier oder sonstigen Dreck hinterlassen haben. Da ist es dann kein Wunder, dass solche Spots in Deutschland immer häufiger gesperrt und dadurch selten werden.

APPS & TOOLS ZUR ROUTENPLANUNG

Wie bereits geschrieben, soll dich dieses Buch dazu motivieren, dich in deinen Camper zu setzen und ein oder mehrere Deutschland-Abenteuer zu starten. Neben meinen Routenvorschlägen könnte deine persönliche Route jedoch ganz anders aussehen. Oder vielleicht willst du eine Region entdecken, die in diesem Buch nicht vorgestellt wurde. Im Folgenden nenne ich dir einige empfehlenswerte Tools, die für meine Tourenplanungen inzwischen unerlässlich geworden sind.

Google Maps und Google Earth
Sicherlich kein Geheimtipp, für meine Planung jedoch absolut unentbehrlich. Es gibt nichts Vergleichbares, um sich auf die Schnelle ein Bild von einer Region oder einem Spot zu machen. Über den Kartentyp »Gelände« bekommt man einen guten Eindruck vom Terrain einer Region. Über die Möglichkeit, sich eigene Karten inklusive individueller Routen anzulegen (nur auf Desktop), kann man seine Tour optimal vorbereiten. Eine große Stärke sind außerdem die zahlreichen Kommentare und Bilder der Community. So vielseitig ist keiner der konkurrierenden Anbieter.

ADAC Superstraßen-Atlas
Manchmal geht eben nichts über einen guten alten gedruckten Atlas. Hat keine Bugs, braucht keinen Strom und bietet noch mal eine neue Perspektive auf die Umgebung. Ein weiterer großer Vorteil: die Markierung von besonders schönen und sehenswerten Straßen. Daher ist dieser Atlas ein unerlässlicher Partner bei der Routenplanung.

Komoot
Ein Hike ohne diese App ist für mich inzwischen undenkbar geworden. Dank der speziell für Wanderer und Radfahrer angelegten Karten ist sie eine optimale Ergänzung zu Karten wie Google Maps oder Apple-Karten, die eher für das Autofahren oder zur Orientierung in der Stadt entwickelt wurden. Aufgrund der zahlreichen Beiträge und Tourenvorschläge anderer Nutzer samt Höhenprofilen und weiteren Details auch ein extrem hilfreiches Tool bei der Vorbereitung von Outdoor-Abenteuern.

Instagram
Man kann Instagram nutzen, um Promis zu folgen. Man kann es aber auch als Outdoor-Research-Tool verwenden. Einfach die angepeilte Region in der Suche eingeben, passende Hashtags ausfindig machen und die Region schon mal vorab nach möglichen Highlights abscannen. Außerdem gibt es zahlreiche Bulli-Fahrer, die ihre Touren dokumentieren und so auf neue Destinationen aufmerksam machen.

Zeit
Und noch ein wichtiger Tipp: Plane nicht zu viel, nimm dir eher mehr als weniger Zeit, um eine Region zu erkunden. Fahre nicht immer nur zu den bekannten Hotspots, sondern gib auch unbekannteren Sehenswürdigkeiten eine Chance. Häufig passieren die magischen Momente nicht an den belebtesten Plätzen oder Straßen, sondern in ungeplanten Situationen, wenn man vielleicht ganz für sich alleine ist und einfach bewusst den Moment genießt.

CAMPER MUST-HAVES

Um es kurz zu sagen: Weniger ist mehr. Da man im Camper auf kleinstem Raum unterwegs ist, steht alles, was man nicht braucht, schnell im Weg herum. Oder blockiert im Zweifel kostbaren Raum, den man für Wichtigeres gebrauchen könnte.

Außerdem ist es eine gute Übung, zu hinterfragen, was man wirklich (im Leben) braucht und worauf man getrost verzichten kann. Zu diesem Thema habe ich übrigens vor einiger Zeit ein YouTube-Video veröffentlicht: www.oliverraatz.de/bulli-must-haves.

BULLI PACKLISTE

HAUSHALT	KLAMOTTEN	FOOD BASICS	ERSTE HILFE
✓ Wassertank	✓ Fleecejacke	✓ Energy-Riegel	✓ Starthilfekabel
✓ Gaskocher	✓ Wanderstiefel	✓ Banane	✓ Werkzeugkasten
✓ Geschirr & Besteck	✓ Laufschuhe	✓ Müsli	✓ Ersatzsicherungen
✓ French Press	✓ Regenjacke	✓ Pasta	✓ Warnwesten
✓ Schlafsack		✓ Pesto	✓ Selbsthilfe-Buch
✓ Töpfe		✓ Landjäger	
✓ Multitool-Messer			
✓ Feger			

PANNEN

Bevor es nun endlich mit den Touren losgeht, zum Abschluss noch ein nicht unbedingt schönes, aber leider zur Realität eines jeden Bulli-Fahrers gehörendes Thema: Pannen! Vor allem dann nicht selten, wenn man sich mit den kultigen und somit auch älteren Bulli-Modellen auf Tour begibt.

Wie bereits erwähnt, hatte ich eigentlich geplant, alle Fahrten für dieses Buch mit meinem eigenen blauen T3 zurückzulegen. Doch es sollte alles anders kommen. Direkt bei meiner ersten Tour machte mir mein Bulli einen Strich durch die Rechnung und verschwand für rund drei Monate erst einmal in der Werkstatt. Der Motor stotterte, zuckte und ging wiederholt aus. Keiner wusste, was los war. Zahlreiche Teile im Motor wurden ausgetauscht. Immer wieder das gleiche Problem. Bis irgendwann herauskam, dass Wasser im Benzintank der Grund allen Übels war. Über einen undichten Ausgleichsbehälter im Radkasten kam andauernd Feuchtigkeit in den Tank und führte immer wieder zu Schäden am Motor.

Jedes Auto kann Probleme machen. Und auch bei neueren Fahrzeugen gibt es keine Garantie. Kalkuliere daher potenzielle Pannen mit ein. Hol dir bei einem alten Auto eine ADAC-Plus-Mitgliedschaft (dein Wagen wird dann in eine Werkstatt nahe deiner Heimatstadt und nicht ins nächste Dorf geschleppt). Lass dich nicht völlig aus der Bahn werfen, wenn du doch wieder am Straßenrand liegen bleibst – und versuche, das Beste daraus zu machen.

Ohne meine Panne wäre in diesem Buch nur ein einziges Auto zu sehen gewesen. So ist es jetzt eine bunte Sammlung unterschiedlichster Bullis geworden, die mir von Freunden während meiner Pannenzeit bereitgestellt wurden (danke, Wolf und AHOI BULLIS!).

TOUREN

INSELHOPPER Tour

Entlang der Ostsee vorbei am Darß nach Rügen und Ummanz

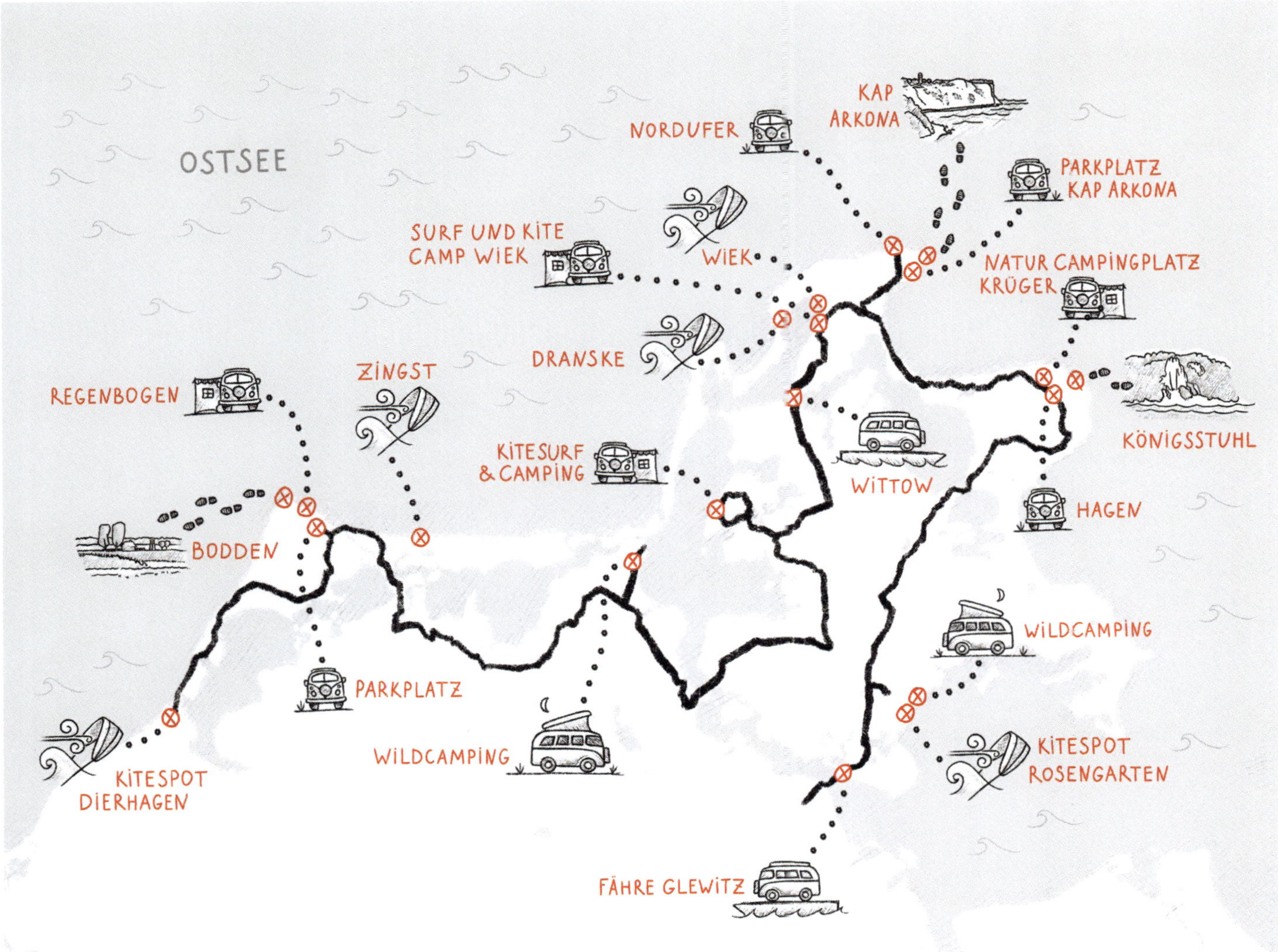

280 km | 5–7 Tage | oliverraatz.de/inselhopper

IMPOSANTE KREIDE-STEILFELSEN, PERFEKT ANGELEGTE ALLEEN UND RIESIGE FELDER. DIE ERSTE TOUR, DIE ICH SPEZIELL FÜR DIESES BUCH STARTETE UND DIE DEN GRUNDSTEIN FÜR ZAHLREICHE WEITERE ROUTEN LEGEN SOLLTE.

DARß

Die Region rund um den Nationalpark Vorpommersche Boddenlandschaft bei Prerow zeigt, wie sich die Natur und unsere Umwelt auch im eng besiedelten Deutschland im stetigen Wandel befinden. Neue Inseln entstehen, während an anderen Stellen Strände verschwinden.

KITESURF DIERHAGEN

Kiter und Windsurfer zwischen dem Aufgang 23 und 24 dürfen an einem ca. 200 Meter langen Strandabschnitt aufs Wasser. Am Strandaufgang 17 gibt es eine kleine Surfschule. Auf dem Wasser hat man in alle Richtungen freie Bahn, denn Buhnen gibt es hier nicht.

BODDEN HIKE

Am besten lässt sich die Region zu Fuß oder noch besser in Kombination mit einer Fahrradtour entdecken. Teile des Naturschutzgebietes – beispielsweise der empfehlenswerte »Rundwanderweg Darßer Ort« – dürfen nur zu Fuß betreten werden. Dafür wird man mit gut ausgebauten Holzstegen, Aussichtstürmen und traumhaften Ausblicken auf den Bodden belohnt.
Den Bulli lässt man am besten am Parkplatz Bernsteinweg oder am Campingplatz Regenbogen stehen.

CAMPINGPLATZ REGENBOGEN

Eine groß angelegte Ferienanlage, die sich über zweieinhalb Kilometer am Strand von Prerow erstreckt. Während sich hier einige Dauercamper ihre Plätze am Strand gesichert haben, gibt es dahinter im Wald einige schöne und teils abgelegene Bulli-Stellplätze. Von hier aus lassen sich wunderbare Entdeckungstouren in die umliegende Region starten.
www.regenbogen.ag

DIESES GEFÜHL, ALS
ALLERERSTER NOCH VOR
SONNENAUFGANG AUFZUSTEHEN,
ALLEINE ÜBER DIE HOLZSTEGE
ZU WANDERN UND DIE
NATUR BEIM AUFWACHEN
ZU BEOBACHTEN.

VORPOMMERSCHE BODDENKÜSTE

Vom Darß aus begeben wir uns langsam in Richtung Rügen und benachbarte Inseln. Auf dem Weg dahin lohnt es sich, einige Umwege über Land entlang sorgfältig angelegter Alleen und unendlich wirkender Felder in Richtung Barhöft zu nehmen.

WILDCAMPING BEI KLAUSDORF

Zwischen Klausdorf und Barhöft liegt ein relativ großzügiger Parkplatz, auf dem man gut übernachten kann. Es gibt zwar keinen direkten Blick aufs Wasser, wer sich jedoch auf einen kleinen Spaziergang durch den Wald begibt, erhält einen schönen Blick auf die Ostsee.

UMMANZ

Kaum fährt man über die kleine Brücke von Rügen nach Ummanz, hat man das Gefühl, in einer anderen kleinen Welt zu sein. Die fünftgrößte Insel Deutschlands ist bisher vom Tourismus relativ verschont geblieben und mit nur 274 Einwohnern auf ca. 4200 Hektar eine der am dünnsten besiedelten Regionen Deutschlands. Die Natur weiß die Ruhe zu schätzen: Von der Beobachtungsplattform bei Tankow aus können mit etwas Glück Scharen von Kranichen und andere Vögel gut beobachtet werden.

KITESURF & CAMPING SUHRENDORF

Wie die Insel, so der Kitespot. Am Ostseecamp Suhrendorf findet man einen abgeschiedenen Campingplatz mit extra Bulli-Bereich direkt am Kitespot samt Strandbar und Kiteschule. www.ummaii.de

RÜGEN

Die größte Insel Deutschlands macht es Bulli-Freunden und Abenteurern relativ einfach, sich in die Insel zu verlieben. Zahlreiche Naturschutzgebiete und wunderschöne Alleen bieten zahlreiche Anlaufpunkte und lassen das Herz beim Cruisen höherschlagen. Aufgrund der großen Beliebtheit kann es an den bekannten Orten leider schnell voll werden. Wer sich jedoch auch bei schlechterem Wetter hinauswagt und kleine Umwege in Kauf nimmt, kann dem großen Ansturm entkommen und spektakuläre Ausblicke genießen.

HH JO 1905

KAP-ARKONA-HIKE

Immer wieder rutschen gewaltige Erdmassen von der Steilküste ins Meer ab, wodurch sich das Kap in einem stetigen und durch den Menschen nicht beeinflussbaren Wandel befindet. Beim Anblick der Kreidefelsen bekommt man die Naturgewalt förmlich zu spüren. Zu sehen gibt es außerdem Leuchttürme und zwölf unterirdische Bunker. Aufgrund des großen Interesses muss man seinen Camper (oder Pkw) am Ortseingang zu Putgarten stehen lassen und wird mit einem Shuttle zum Kap gefahren. Wer etwas Zeit und Wanderlust mitbringt, stellt seinen Bulli am Parkplatz Nordufer ab und wandert von hier aus entlang der weniger besuchten vorgelagerten Küste zum Kap und zurück.

KITESURFEN IN WIEK & DRANSKE

Ein Traum für Anfänger und Flachwasser-Fans sind die Kitespots rund um die geschützte Bucht bei Dranske und Wiek. Große Stehreviere sowie verschiedene Kiteschulen und Campingplätze bieten optimale Kite-Möglichkeiten. www.surf-kite-camp.de

HIKE ZUM KÖNIGSSTUHL / VIKTORIASICHT

Ohne Frage eine der größten Attraktionen der Insel und daher zu Hochzeiten auch häufig überlaufen. Früh dran sein lohnt sich also. Ich war kurz nach Sonnenaufgang an der Viktoriasicht und konnte den Ausblick für mich ganz alleine genießen. Jedoch sind nicht nur die Steilfelsen einen Besuch wert: Die Buchenwälder des Nationalparks Jasmund sind zu Recht Weltnaturerbe und allein schon eine Reise wert. Es empfiehlt sich, mit dem Rad zu starten und zwischendurch kleine Wanderungen einzulegen. Aufgrund des rund 500 Hektar großen Geländes kann man sich schnell verlaufen und dann kann es anstrengend werden ...

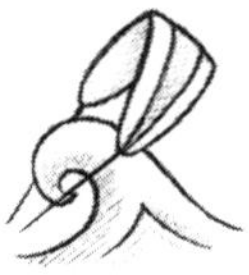

NATURPARKPLÄTZE & KITESPOT ROSENGARTEN

Vorbei am Hofladen führt ein kleiner Feldweg zu einer traumhaften Bucht mit Parkplätzen direkt am Wasser. Nebenbei bemerkt ein optimaler Kitespot, und auch ohne Wind lässt es sich hier ausgezeichnet aushalten. So nah kommt man mit dem Bulli selten ans Wasser.

HARZ Tour

Auf und ab durch Norddeutschlands höchstes Gebirge

103 km | 3–5 Tage | oliverraatz.de/harz

MYSTISCHE WÄLDER, HÄNGEBRÜCKEN, DAMPFLOKS UND UNZÄHLIGE WANDERWEGE MACHEN DEN HARZ ZU EINEM VIELSEITIGEN AUSFLUGSZIEL. WILDCAMPING-SPOTS ZU FINDEN IST NICHT IMMER EINFACH, ABER MIT ETWAS GLÜCK UND MUT FINDET JEDER SEIN PLÄTZCHEN.

HOCHHARZ

Wie der Name schon sagt: Hier geht es hoch hinaus. Grob gesagt ist der Hochharz die Region rund um den Brocken und beheimatet besonders anspruchsvolle Hikes. Zum Glück gibt es auch einige Seen, um die herum man weniger anspruchsvolle Wanderwege findet.

HIKE ZUM ECKERSTAUSEE

Am besten den Camper am Wanderparkplatz Tatenbruch stehen lassen und loswandern. Direkt nebenan gibt es übrigens einen weniger natürlichen, aber trotzdem beeindruckenden Natursteinbruch. Um zum Eckerstausee zu kommen, muss man anfangs einen steilen Marsch zurücklegen. Oben angekommen, wird man an der Schutzhütte Eckerloch mit einem schönen Überblick über die Region belohnt.

RADTOUR UM DEN ODERTEICH

So schön die Radtour um den Oderteich ist, hier bekommt man leider auch das Waldsterben aus nächster Nähe zu sehen. Denn aufgrund der Hitze und Trockenheit der letzten Jahre breitet sich der Borkenkäfer fast ungehemmt aus. Solche Phänomene gehören jedoch zum Entdecken unserer Landschaft dazu und sind traurige Zeugen des Klimawandels.

MITTELHARZ

Ehrlich gesagt bemerkt man keine wirklich gravierenden Unterschiede zwischen Hoch-, Mittel- und Unterharz. Trotzdem dient diese allgemein übliche naturräumliche Differenzierung auch mir zur Aufteilung der Kapitel für diese Region. Und zu sehen gibt es hier viel.

HIKE ZUR SCHNARCHER-KLIPPE

Bekannt aus Goethes Faust: die Schnarcher-Klippen. Was das ist? Ein Steinhaufen mitten im Wald. Tatsächlich hat dieser Steinhaufen etwas Besonderes, da der Berg aus Granit wie künstlich aufgebaut aussieht.

WILDCAMPING-PARKPLATZ AM TÄLCHEN

Gegen einen kleinen Aufschlag kann man auf diesem Parkplatz auch über Nacht stehen bleiben. Praktisch, dass man von hier wunderbar zur Schnarcher-Klippe wandern kann.

CAMPINGPLATZ SCHIERKER STERN

Wer keine Lust auf Wildcamping hat, findet hier einen kleinen, gemütlichen Campingplatz mitten im Wald mit gepflegten Bädern. Hunde sind willkommen und die Brockenbahn ist nur ca. 15 Minuten entfernt. Was will man mehr? www.harz-camping.com

DAMPFLOCK BROCKENBAHN / BAHNHOF DREI ANNEN HOHNE

Es zischt, dampft und stampft – 25 Dampflokomotiven führen die Besucher hoch zum Brocken und zu vielen weiteren Destinationen im Harz. Optimale Abwechslung für all diejenigen, die das Steuer einmal abgeben wollen. www.hsb-wr.de

HIKE UM DAS HOCHWASSER-SCHUTZBECKEN KALTE BODE

Der Wanderpfad führt halb durch den Wald und halb über trockene Felder vorbei an einem beeindruckenden Hochwasser-Schutzbecken. Eine kurze bequeme Runde ohne größeren Anspruch.

RADTOUR UM DIE HASSEL-VORTALSPERRE

Den Startpunkt bildet der Parkplatz Murmelbachtal (übrigens auch ein potenzieller Wildcampingplatz). Man wird auf einer schönen Fahrt das Ufer entlanggeleitet und sieht immer wieder viele gefällte Bäume, die wie umgeknickte Streichhölzer wirken.

UNTERHARZ

Wir verlieren langsam, aber sicher an Höhe. Der Anblick wird immer dramatischer, da der Borkenkäfer hier stark gewütet hat. Am Abend bekam ich hier einmal überraschenden Besuch: Eine Horde Rehe lief plötzlich vor meinem Bulli vorbei, als ich gerade dabei war, mein Bett aufzubauen.

HÄNGEBRÜCKE ÜBER DAS BODE-STAUBECKEN

Ein Muss für alle, die eine kleine Abwechslung zu Naturwanderungen suchen. Die riesige Brücke wurde im Frühjahr 2017 fertiggestellt. Sie ist 485 Meter lang und damit die längste Brücke ihrer Art. Wer noch mehr Adrenalin braucht, schwingt sich mit dem »GigaSwing« unter der Brücke in die Tiefe. www.titan-rt.de

SEILBAHN ZUM HEXENSTIEG

Der Startpunkt für diese Abschlusswanderung befindet sich im Ort Thale am Parkplatz der Bergbahn. Von hier aus gibt es zahlreiche Wanderwege hoch zum Hexenstieg (oder andere Routen). Eine gute Alternative: den Hexenstieg hochhiken und dann entspannt mit der Gondel wieder runterfahren.

SEENPLATTEN Tour

Ein Traum für Bulli-Fahrer: viel Natur und chillige Campingplätze

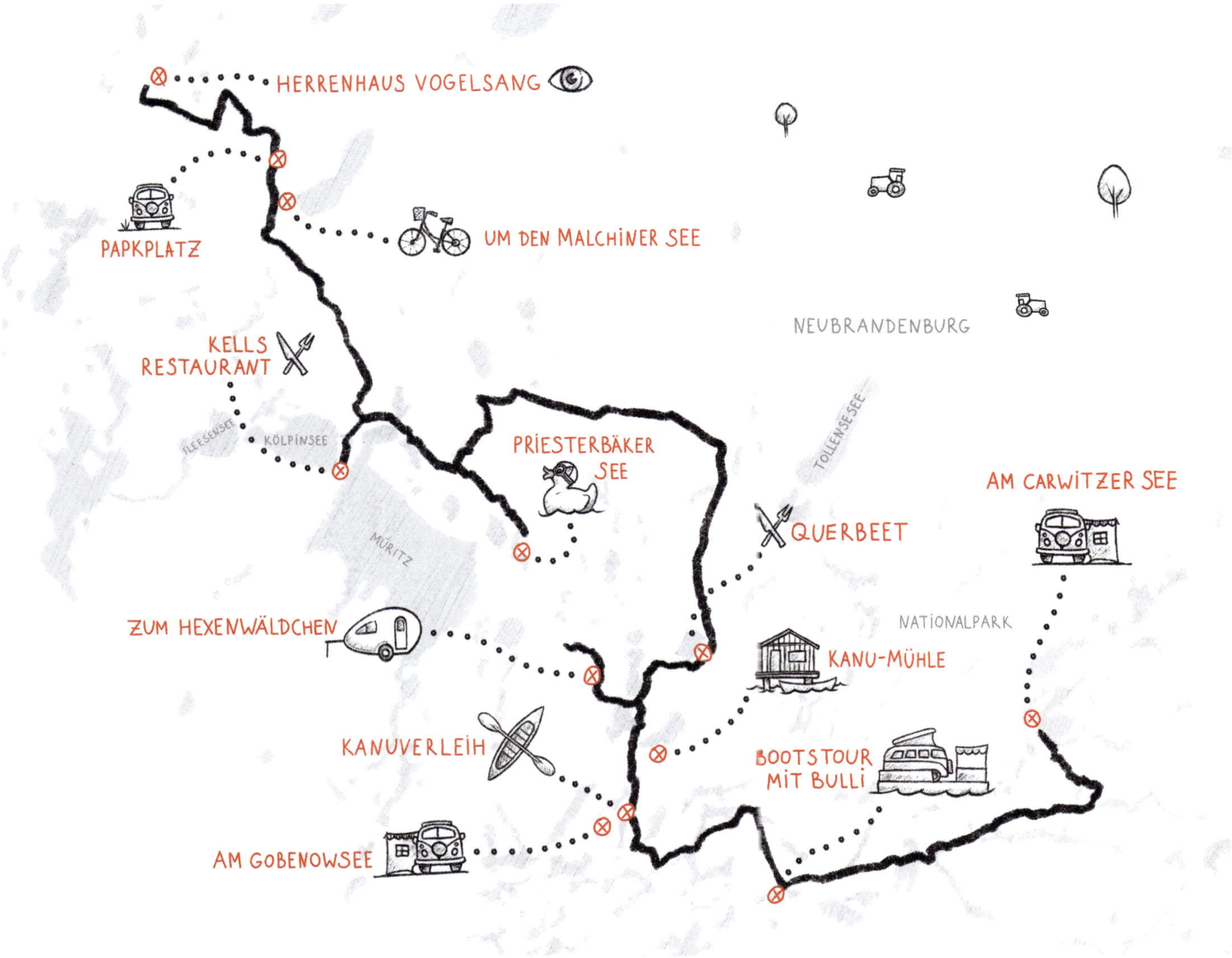

216 km 3–5 Tage oliverraatz.de/seenplatten

SO VIEL WASSER! DA WEIß MAN GAR NICHT GENAU, OB MAN SICH GERADE AUF EINEM MEER MIT VIELEN INSELN ODER AN LAND MIT VIELEN SEEN BEFINDET. DIESE TOUR WAR FÜR MICH AUCH DESHALB EIN BESONDERES EREIGNIS, WEIL HIER DAS ERSTE BULLI-AHOI-WALDEN-CAMP 2019 STATTGEFUNDEN HAT. ICH FREUE MICH SCHON AUF ZAHLREICHE FOLGEEVENTS!

H VW 968H

HERRENHAUS VOGELSANG

Wer Mitte Juni in dieser Region auf Tour sein sollte, sollte sich die »lange Nacht der nordischen Guts- und Herrenhäuser« auf keinen Fall entgehen lassen. Hierfür werden zahlreiche Gutshäuser mühevoll hergerichtet und Führungen zu der interessanten Vergangenheit der Häuser angeboten. Eines dieser Häuser mit Geschichte: das Herrenhaus Vogelsang.

RADTOUR UM DEN MALCHINER SEE

Den Bulli zwischendurch am besten mal stehen lassen und die Umgebung mit dem Rad erkunden – immer noch eines der besten Fortbewegungsmittel auf Reisen. Die Radtour um den Malchiner See ist rund 30 Kilometer lang und führt vorbei an Schlössern und Kanälen. Immer wieder bieten sich dabei traumhafte Ausblicke über den See. Unbedingt kurze Zwischenstopps an den Aussichtstürmen einlegen!

KELLS RESTAURANT

Für einen kleinen Zwischenstopp bietet Kells mit einer eigenen Konditorei samt Außenbereich herausragenden Kaffee, Eis und Kuchen. Auf dem Bauernmarkt gibt es außerdem allerlei saisonale und regionale Spezialitäten. Perfekt, um die Bulli-Küche wieder etwas aufzufüllen. www.kells.de

PLÖTZLICH T2

Dank AHOI BULLIS konnte ich einen Teil der Tour mit diesem wunderschönen T2 zurücklegen – ein echtes Schmuckstück.

Dieser Geruch, das Lenkrad schwimmt, es riecht nach Benzin und man fühlt sich direkt in ein anderes Jahrhundert versetzt.

KANU-MÜHLE WESENBERG
Was gibt es zum Abzuschalten Besseres, als sich ein Kanu auszuleihen und auf einem entspannten See herumzuschippern und zu angeln – wie hier mit dem sehr erfahrenen und ausgezeichneten Fischjäger Dr. Klotzomat. www.kanu-muehle.de

RESTAURANT QUEERBEET
Übersichtliche Karte, beste Bio-Zutaten und freundliches Personal. Nicht ganz günstig, aber eine hervorragende Empfehlung, wenn man sich zwischen Camper-Mahlzeiten auch mal etwas Feines gönnen möchte. www.querbeet-restaurant.de

NATURCAMPING ZUM HEXENWÄLDCHEN

Der Campingplatz genießt unter Insidern Kultstatus. Die Hühner laufen um den Bulli und eine ehrliche, naturbelassene Ausstattung sowie die herzliche Atmosphäre machen den Aufenthalt zu einem Erlebnis. Eine gelungene Alternative zur sonst so durchgeplanten und manchmal spießigen Campingindustrie. Wie die Inhaber selbst sagen: »Weniger ist eben manchmal doch mehr!« www.hexenwaeldchen.de

SCHWIMMEN IM PRIESTERBÄKER SEE

Zeit für eine Erfrischung! Wunderschön gelegener See mit langen Stegen und glasklarem Wasser. Da macht das Planschen gleich doppelt so viel Spaß.

CAMPING- & KANUVERLEIH KANUFARM

Der Ort, an dem das AHOI-WALDEN-CAMP 2019 stattgefunden hat. Einfacher, ehrlicher und natürlicher Campingplatz mit großzügiger freier Wiese, auf der man sich mit seinem Camper ein individuelles Plätzchen aussuchen kann. Parzellen sucht man hier vergebens. Schön gelegen am Hegesee, der bei gutem Wasserstand mit dem Klenzsee verbunden ist. www.kanufarm.de

CAMPINGPLATZ AM GOBENOWSEE

Wer einen naturbelassenen Campingplatz sucht und trotzdem Wert auf eine etwas umfangreichere Infrastruktur legt, sollte sich diesen Campingplatz genauer anschauen. Moderne und saubere Anlage mit eigenem Kiosk, Kanuverleih, Seehütten und Spielplätzen für die Kinder. www.gobenowsee.m-vp.de

BULLI-BOOTSTOUR MIT FREECAMPER

Lust, die Umgebung vom Wasser aus zu erkunden, aber ohne Verzicht auf Bulli-Feeling? Freecamper verbindet das Beste beider Welten: einfach mit dem Bulli auf die speziell gebauten motorisierten Flöße fahren, festmachen und losschippern. www.freecamper.de

CAMPINGPLATZ AM CARWITZER SEE

Der Carwitzer See ist für sein kristallklares Wasser bekannt, also ein optimaler Anlaufpunkt für Wasserwanderer, Taucher, Segler, Surfer und Angler. Motorboote sucht man hier übrigens vergebens. Der Campingplatz gehört zur Kategorie »naturbelassen«. Auf einer Fläche von ca. 3,4 Hektar werden eine eigene Badestelle mit Liegewiese, ein Spielplatz, ein Grillplatz am See, ein kleiner Kiosk und großzügige, teilweise terrassenförmige Stellplätze angeboten. www.campingplatz-carwitz.de

SANDSTEIN Tour

Klettern und kraxeln im Elbsandstein- und Erzgebirge

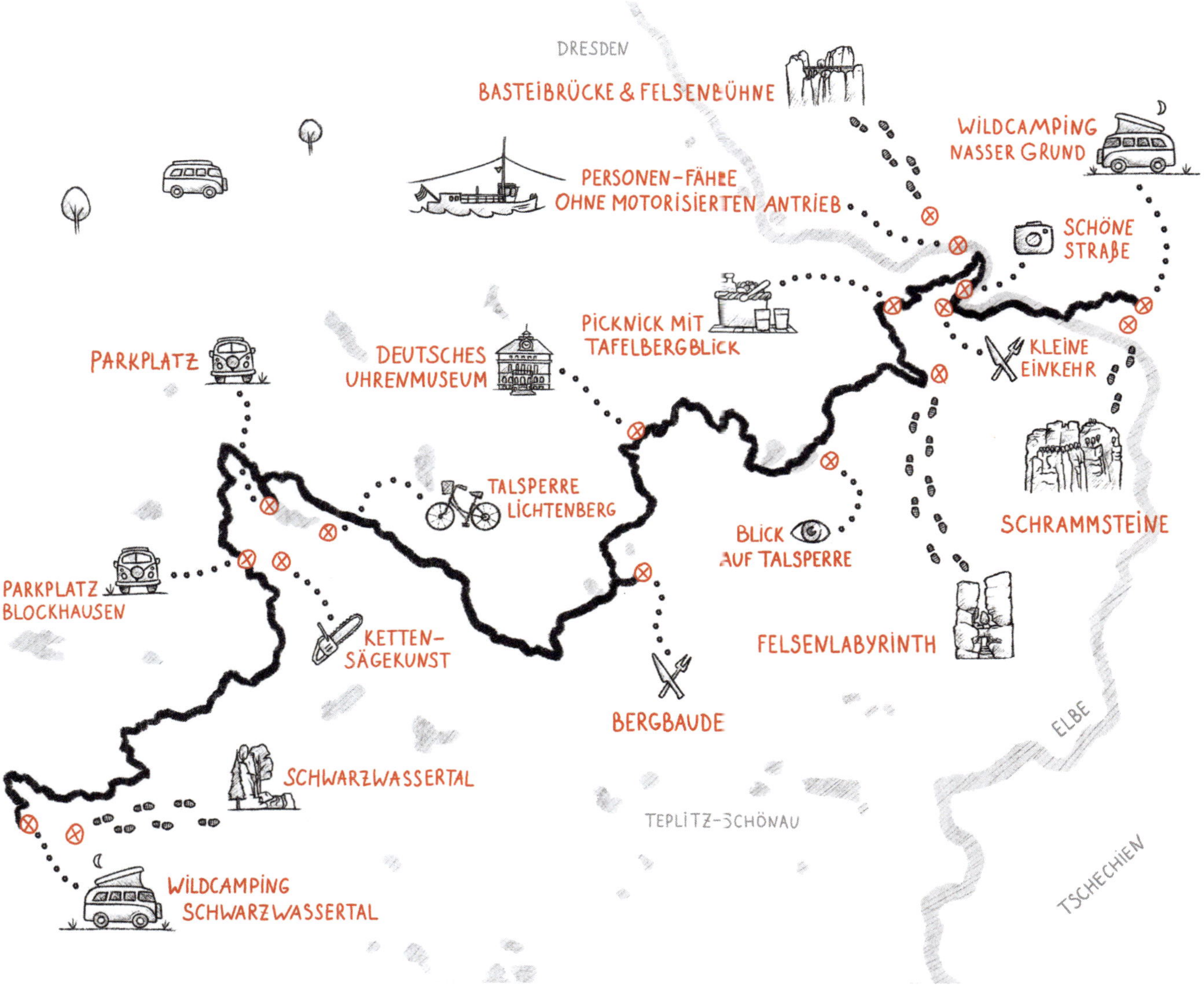

176 km

3–5 Tage

oliverraatz.de/sandstein

HÄUFIG GESEHEN UND TROTZDEM SPEKTAKULÄR – DIE LANDSCHAFT DER SÄCHSISCHEN SCHWEIZ. DA DIE HOTSPOTS VIEL BESUCHT SIND, WERDEN FRÜHAUFSTEHER UND ALL JENE BELOHNT, DIE SICH AUCH BEI SCHLECHTEM WETTER RAUS IN DIE NATUR WAGEN.

ELBSANDSTEINGEBIRGE

Unumstritten ist dieses Gebirge eine der bekanntesten touristischen Regionen Deutschlands. Leider ist es deshalb auch eher überlaufen. Früh aufzustehen oder gerne auch bei Regen aufzubrechen lohnt sich. Es gibt zahlreiche spektakuläre Ausblicke zu erkunden und da das Gelände über die Jahrhunderte kaum landwirtschaftlich genutzt werden konnte, ist es immer noch verhältnismäßig unberührt.

WILDCAMPING AM PARKPLATZ NASSER GRUND

Wer gerne zu den Schrammsteinen wandern möchte, sollte auf diesem einfachen Parkplatz haltmachen. Der Vorteil: Man kann hier übernachten und morgens direkt zu den Schrammsteinen aufbrechen. Außerdem hält gleich in der Nähe die Kirnitzschtalbahn – eine Straßenbahn, die zwischen Bad Schandau durch das Kirnitzschtal bis zum Lichtenhainer Wasserfall fährt. Ideal für den Rückweg nach der langen Wanderung.

HIKE ZU DEN SCHRAMMSTEINEN

Die Wanderung bietet einen irrsinnigen Ausblick, der allerdings nicht für Menschen mit Höhenangst geeignet ist. Man sollte außerdem gut zu Fuß sein, da der Aufstieg teilweise sehr steil ist und über lange Treppen führt (nicht empfehlenswert für Hundebesitzer). Neben dem Hike zu den Schrammsteinen gibt es noch zahlreiche weitere großartige Wanderrouten. Hier ist für jede Könnensstufe etwas dabei.

RASTSTÄTTE KLEINE EINKEHR

Dieses gemütliche Restaurant liegt direkt an der Elbe und bietet vom Biergarten aus einen wunderbaren Blick ins Tal. Gäste werden herzlich begrüßt, es gibt leckere Hausmannskost und ausgezeichnete Weine.

HIKE ZU BASTEIBRÜCKE & FELSENBÜHNE

Der wahrscheinlich berühmteste Spot dieser Region und ohne Frage beeindruckend, allerdings zu Hochzeiten auch beeindruckend überlaufen. Bis zu 1,5 Millionen Besucher pro Jahr zählt dieses beliebte Ziel der Sächsischen Schweiz. Auch hier gilt: Früh losmachen lohnt sich. Dann lassen sich auch die großartige Aussicht und die Architektur der Brücke mitten im Naturfels in Ruhe genießen.

PICKNICK MIT TAFELBERGBLICK

Manchmal sind es die unspektakulären Stopps, an die man sich am liebsten zurückerinnert. Dieser hier war so einer. Wir hielten auf einer kleinen Feldstraße, die vor allem landwirtschaftlich genutzt wird. Eine Parkbucht sucht man hier vergebens – daher stellten wir uns einfach auf die Grünfläche neben der Straße. Und los ging's: Tisch, Stühle und alles, was man sonst so für ein Picknick braucht, rausgeräumt und den Blick über das Feld auf den in der Ferne aufragenden Tafelberg genossen.

FELSENLABYRINTH LANGENHENNERSDORF

Für alle, die gerne über Felsen springen, durch Schluchten robben und an Felsspalten klettern. Hier hat die Natur ein sehenswertes Felsenlabyrinth geschaffen, das einen garantiert zurück in die Kindheit versetzt.

ERZGEBIRGE

Es geht weiter ins nächste Gebirge, und auch wenn das Erzgebirge keine vergleichbar spektakulären Felsformationen zu bieten hat, gibt es doch einiges zu entdecken.

BERGBAUDE GEISINGBERG

Was gibt es Besseres, als nach einer ordentlichen Wanderung was Leckeres auf den Teller zu bekommen – am besten noch mit einem guten Preis-Leistungs-Verhältnis, kombiniert mit einem atemberaubenden Ausblick. Willkommen in der Bergbaude Geisingberg.

RADTOUR TALSPERRE LICHTENBERG

Lust auf eine Radtour oder doch lieber Wandern? Hier geht beides. Das Ziel sollte der Burgberg-Aussichtspunkt sein. Mit dem Fahrrad kann man auch gut um die komplette Talsperre fahren, zu Fuß wäre das nur etwas für sehr Ambitionierte.

KETTENSÄGEKUNST BLOCKHAUSEN

Eine kleine, verwunschene Welt mitten im Erzgebirge. Blockhäuser im kanadischen Stil und eine riesige Holzskulpturensammlung, die sich über ein riesiges Gelände verteilen, das sich über einen Wanderpfad entdecken lässt. Jedes Jahr zu Pfingsten gibt es außerdem eine Weltmeisterschaft im Kettensägenschnitzen. www.blockhausen.de

CAMP & HIKE AM SCHWARZWASSERTAL

Was ist schöner, als frühmorgens aus dem Bulli zu purzeln, gleich in die Wanderschuhe zu schlüpfen und mit Partner und Hund einen kleinen Hike zum Munterwerden zurückzulegen? Genau das bietet der Parkplatz am Katzenstein, an dem man auch problemlos über Nacht stehen darf. Das Schwarzwassertal bietet schöne, sowohl ausgebaute als auch naturbelassene Wanderwege ohne große Menschenmassen.

NORDWELLE Tour

Entlang der Küste in Richtung Norden, bis es nicht mehr weitergeht

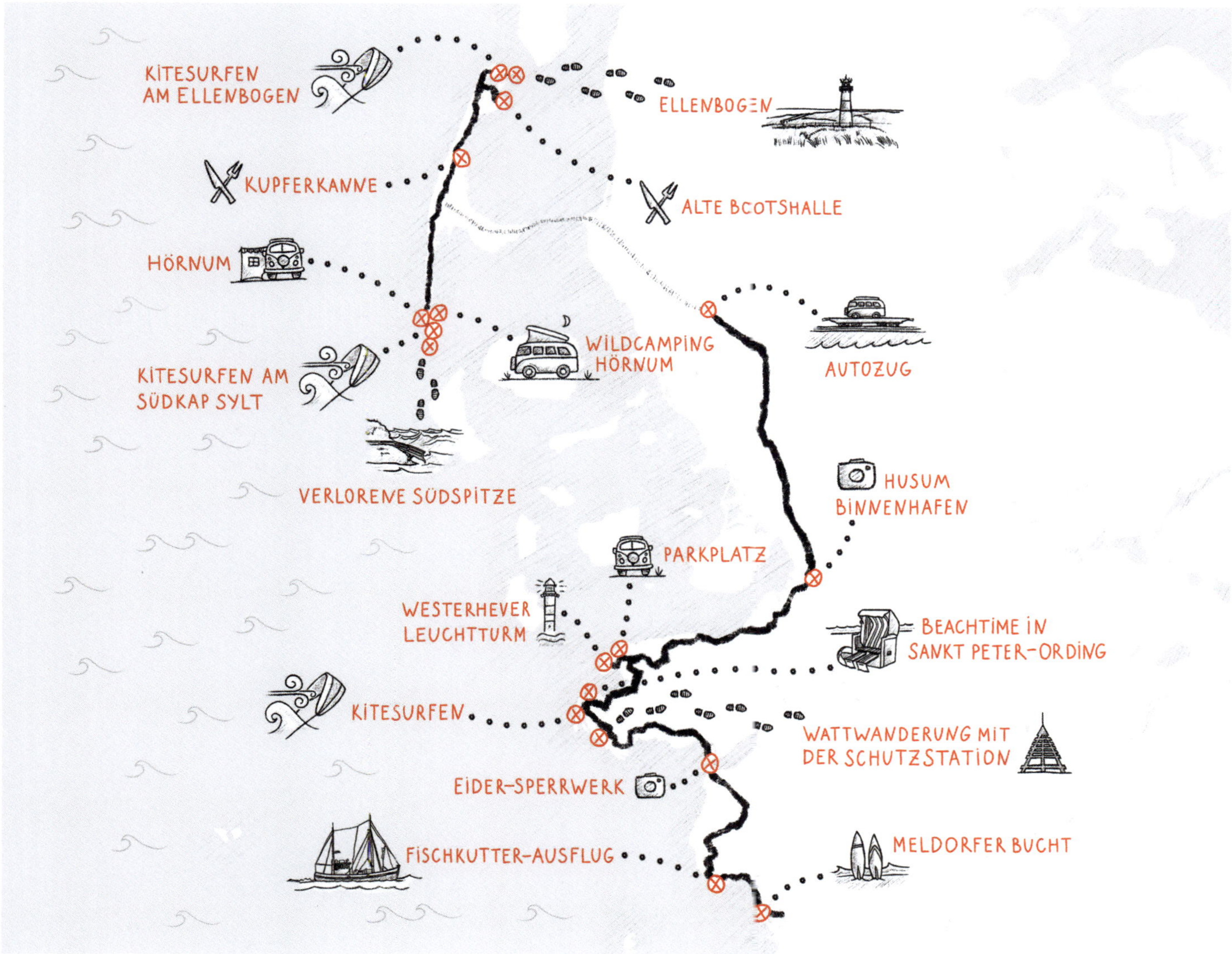

223 km | 4–6 Tage | oliverraatz.de/nordwelle

DIE EINZIGE GEWISSHEIT IST DIE UNGEWISSHEIT. SANDBÄNKE, DIE KOMMEN UND GEHEN, SCHLAGARTIGE WETTERVERÄNDERUNGEN UND DIE GERADE IM FRÜHJAHR UND HERBST STÜRMISCHE NORDSEE KÖNNEN DIESE TOUR ZUM KLEINEN ABENTEUER MACHEN.

BÜSUM

Da es den Großteil der Urlauber gerade in der Hauptsaison auf direktem Wege nach Sankt Peter-Ording zieht, hat man in dieser relativ abgelegenen Region noch die Möglichkeit, ein ruhigeres Plätzchen zu finden.

SURFEN & CAMPEN IN DER MELDORFER BUCHT

Die Tour startet in der Meldorfer Bucht im Naturschutzgebiet Kronenloch. Entlang der streckenweise von allen Seiten mit Wasser umgebenen Hafenstraße geht es zu einem möglichen Stopp am Speicherbecken. Ein Halt an einem der zahlreichen Parkplätze bietet sich an, um einen kleinen Spaziergang den Deich entlang einzulegen. Oder man verweilt für ein oder mehrere Nächte am Wohnmobilstellplatz direkt zwischen der Nordsee und dem Speicherkoog. Von hier aus kann man in der Bucht kiten, Watt- oder SUP-Touren starten oder die Umgebung mit dem Fahrrad erkunden. www.action-surf-meldorf.de

FISCHKUTTER-AUSFLUG ZUM KRABBENFANGEN

Lust, zwischendurch das Gefährt zu wechseln? Dann ab auf den Krabbenkutter! Von Büsum aus geht's hinaus auf die Nordsee vor die Büsumer Küste. Der Fang wird in einem Meerwasserbassin zur Schau gestellt – so lassen sich Seesterne, Krebse und Krabben der Nordsee hautnah erleben. Und wenn Krabben im Netz sind, werden sie direkt gekocht und warm zum Pulen serviert. www.adler-eils.de

EIDER-SPERRWERK

Eine kleine Sehenswürdigkeit und Grund genug für einen kurzen Zwischenstopp ist das Eider-Sperrwerk. Über das Sperrwerk führt ein Fußweg, von dem aus man einen Blick auf die Nordsee und in die Schleusen werfen kann. Gerade bei ein- oder ablaufendem Wasser ein wildes und beeindruckendes Getöse, durch das man einen guten Eindruck von den Kräften der Tiden erhält. Lecker Fischbrötchen gibt es übrigens auch: am Parkplatz auf der südlichen Seite des Sperrwerks.

SANKT PETER-ORDING

Ich hätte ein ganzes Buch über diese Gegend schreiben können. Definitiv einer meiner meistbesuchten Spots und Lieblingsorte in Deutschland. Was natürlich damit zusammenhängt, dass ich leidenschaftlicher Kiter bin ... aber auch daran liegt, dass dieser von den Tiden geprägte Strand einfach unwahrscheinlich viele Facetten hat.

BEACHTIME & KITESURFEN IN SANKT PETER-ORDING

Was soll man sagen: Strände, so weit das Auge reicht. Das Wasser ist zwar nicht gerade warm und tropisch blau, sondern eher kalt und watttypisch bräunlich-grün. Trotzdem übt dieser Strand eine große Faszination aus. Zu Recht. Was zu Hochzeiten in den Sommermonaten inzwischen leider dazu führt, dass der Strand regelrecht von einer Blechlawine überrollt wird. Mein Tipp daher: antizyklische Reisezeiten anstreben und auch mal bei wechselhaftem Wetter losfahren. Manchmal ohnehin spannender als blauer Himmel und Sonnenschein.

WATTWANDERUNG MIT DER SCHUTZSTATION WATTENMEER

Nach einer Wattwanderung wird man die vermeintlich öde Wattlandschaft mit anderen Augen sehen. Wirklich überraschend, was da im Watt so los ist.
www.schutzstation-wattenmeer.de

WESTERHEVER LEUCHTTURM

Von Sankt Peter-Ording aus am Horizont gut zu erkennen: der Leuchtturm Westerheversand. In ca. 30 Minuten ist man von »SPO« rübergefahren, allerdings nicht direkt bis an den Turm. Der Bulli wird am Parkplatz beim Tourismusverein Westerhever abgestellt und dann geht's auf einen kleinen Marsch zum Leuchtturm. Wer will, verlängert seinen Spaziergang und läuft über die Sandbank bis an die Wasserkante. Kaum Menschen und viel Natur. www.westerhever-nordsee.de

SYLT

Die wahrscheinlich bekannteste – und wegen ihres Images mindestens genauso umstrittene – Insel Deutschlands. Natürlich gibt es viel Chichi und Luxus, die Insel bietet jedoch auch schöne Rückzugsräume und in jedem Fall weite weiße Strände – die inzwischen jedoch regelmäßig mit Sand »nachgefüllt« werden müssen.

AUTOZUG

Nicht günstig, aber doch immer wieder ein Ereignis: eine Fahrt mit dem Autozug ab Niebüll über 39 Kilometer auf dem Hindenburgdamm nach Westerland. Die einfachste Möglichkeit, von Deutschland auf die Insel zu kommen. Einzige Alternative: eine Fährfahrt von der dänischen Insel Rømø. Das ist zwar günstiger, jedoch mit einem relativ großen Umweg verbunden.

DIE NORDSEE.
TOBENDE WELLEN,
PEITSCHENDER WIND &
AUFBRAUSENDE GISCHT.
WENN SIE RICHTIG
BEIßT, IST SIE EINFACH
AM SCHÖNSTEN.

HIKE ZUR VERLORENEN SÜDSPITZE

Mein Tipp: in Westerland falls nötig kurz Lebensmittel einkaufen und dann direkt in den Süden (oder Norden) fahren. Westerland ist zwar die größte Stadt auf Sylt, wenn man aber nicht gerade auf Shopping aus ist, gibt es schönere Ecken auf der Insel. Im Süden angekommen, unbedingt eine Wanderung rund um die Südspitze machen – solange es sie noch gibt. Tatsächlich werden jedes Jahr bei größeren Stürmen mehrere Meter der Spitze weggespült. Während man für die Umrundung früher gute zwei Stunden gebraucht hat, dauert der Marsch heute vielleicht gerade einmal 40 Minuten.

KAFFEE IN DER KUPFERKANNE UND HEIDE

Auf dem Weg in den Norden lohnt sich ein kleiner Zwischenstopp im Café Kupferkanne in Kampen. Ursprünglich ein halb in die Erde eingelassener Flakbunker, bietet das Café heute viele gemütliche kleine Ecken und Winkel, in die man sich zurückziehen kann. Bei gutem Wetter genießt man draußen den Blick auf das Sylter Wattenmeer und kann sich nach einer Stärkung mit hausgemachtem Blechkuchen auf einen kleinen Spaziergang vorbei an einem Kiefernwäldchen und rein in die Braderuper Heide machen.

SURF & HIKE AM ELLENBOGEN

Der nördlichste Punkt Deutschlands – der Sylter Ellenbogen. Dünen, Meer und im Hintergrund der Leuchtturm List-Ost. Nahezu das gesamte Gebiet steht unter Naturschutz und kann nur gegen eine kleine Mautgebühr befahren werden, weshalb die Gegend wunderbar naturbelassen ist. Einen perfekten Kite- und Windsurfspot gibt es auch. Er kann jedoch nur jeweils zwei Stunden vor und nach der Flut befahren werden. Wer Hunger hat, fährt nach List und isst ein Fischbrötchen im legendären ersten Gosch-Restaurant.

RHEINTAL Tour

Kreuz und quer entlang des Mittelrheiner Ufersaums

148 km | 5 Tage | oliverraatz.de/rheintal

RHEINROMANTIK PUR: WEINBERGE, ZWISCHENDURCH IMMER WIEDER EIN SCHLÖSSCHEN UND DIESES RIESIGE TAL. DA KANN MAN SICH EINFACH NICHT SATTSEHEN.

MITTELRHEINTAL

Eine Region mit Charme und Geschichte. Die Landschaft wird von etwa 40 Schlössern, Burgen und Festungen geprägt und auch heute noch ist der Rhein eine der wichtigsten Handelsrouten Europas. Das Tal ist außerdem UNESCO-Welterbe. Jeder, der sich nicht so für die geschichtlichen Aspekte interessiert, kann sich einfach an einen der zahlreichen Aussichtspunkte setzen und den Schiffen auf dem Rhein beim Dahingleiten zuschauen.

HIKE ENTLANG DER LORELEY

Klingt schon irgendwie künstlerisch – und sieht auch so aus. Um genau zu sein, handelt es sich bei der Loreley um einen Schieferfelsen direkt am Rhein, der steil aufragend an einer Innenseite einer Rheinkurve liegt. Geparkt wird am Besucherzentrum, von wo aus man einen Hike zum Spitznack machen kann. Für eine kleine Mahlzeit oder einen Kuchen kann ich den Hof Leisefeld empfehlen.

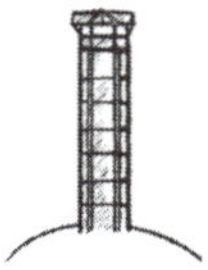

HOCHLEIBLICK & AUSSICHTSTURM 5 SEENBLICK

Mit der Fähre bei Sankt Goarshausen geht es ab über den Rhein. Ein kleines Stück den Berg hinauf, dann kommt man zum Parkplatz Hochleiblick, wo man einen hervorragenden Ausblick genießen und entspannt übernachten kann. Wer die ultimative Rundumaussicht haben will, klettert die Aussichtsplattform 5 Seenblick hoch. Nichts für Menschen mit Höhenangst.

WIEDTAL

Raus aus dem großen Tal und rein ins »Tälchen«. Das Wiedtal kann zwar nicht mit den spektakulären Aussichten des Rheintals mithalten, hat aber mit seinen Wäldern, Bächen und Wanderwegen trotzdem einige schöne Ecken zu bieten.

HIKE ZUM LAUBACH-WASSERFALL

Eher ein kleiner, steiler Bachlauf als ein reißender Wasserfall, trotzdem ein schöner Marsch durch den Wald entlang des Laubachs. Mehrere Aussichtspunkte bieten einen Blick ins verwunschene Tal. Der Parkplatz liegt etwas versteckt gleich hinter einer Kurve kurz vor dem Ortseingang Melsbach – hier kann man bei Bedarf auch über Nacht stehen bleiben.

LAUBACHSMÜHLE

Ein nettes, uriges Restaurant für eine Stärkung zwischendurch mitten im Tal am Fluss.

WESTERWALD

Mit seiner waldreichen, hügeligen Naturlandschaft ist der Westerwald eine Naherholungsregion par excellence.

GEOINFORMATIONSZENTRUM STÖFFEL-PARK

»Warum sieht Deutschland so aus, wie es heute aussieht?« Früher mal ein Basaltbetrieb, wirkt das Gelände heute wie eine verlassene Goldgräberstadt. Hier wurden Berge bewegt und dadurch zahlreiche Fossilien gefunden, die spannende Geschichten über unsere Entwicklung erzählen. www.stoeffelpark.de

RADTOUR WIESENSEE

Genug gewandert. Zeit für eine Radtour. Die Rundfahrt um den Wiesensee bietet viel Natur, kleine Imbisse und schöne Ausblicke. Gute Fahrt!

HIKE ZUM GROßEN WOLFSTEIN

Der Westerwald wartet mit vielen Wanderwegen rund um den Großen Wolfstein auf, einer Anhäufung von Basaltsteinen, die der Sage nach der Teufel höchstpersönlich bis in den Himmel stapeln wollte. Kleiner Tipp: gutes Schuhwerk mitnehmen und zwischendurch den offiziellen Wanderweg verlassen und einfach querfeldein spazieren. Eröffnet neue Perspektiven und macht den Marsch durch den Wald spannender.

PLATTLAND Tour

Flach das Land. Hoch die Deiche. Eigensinnig die Menschen.

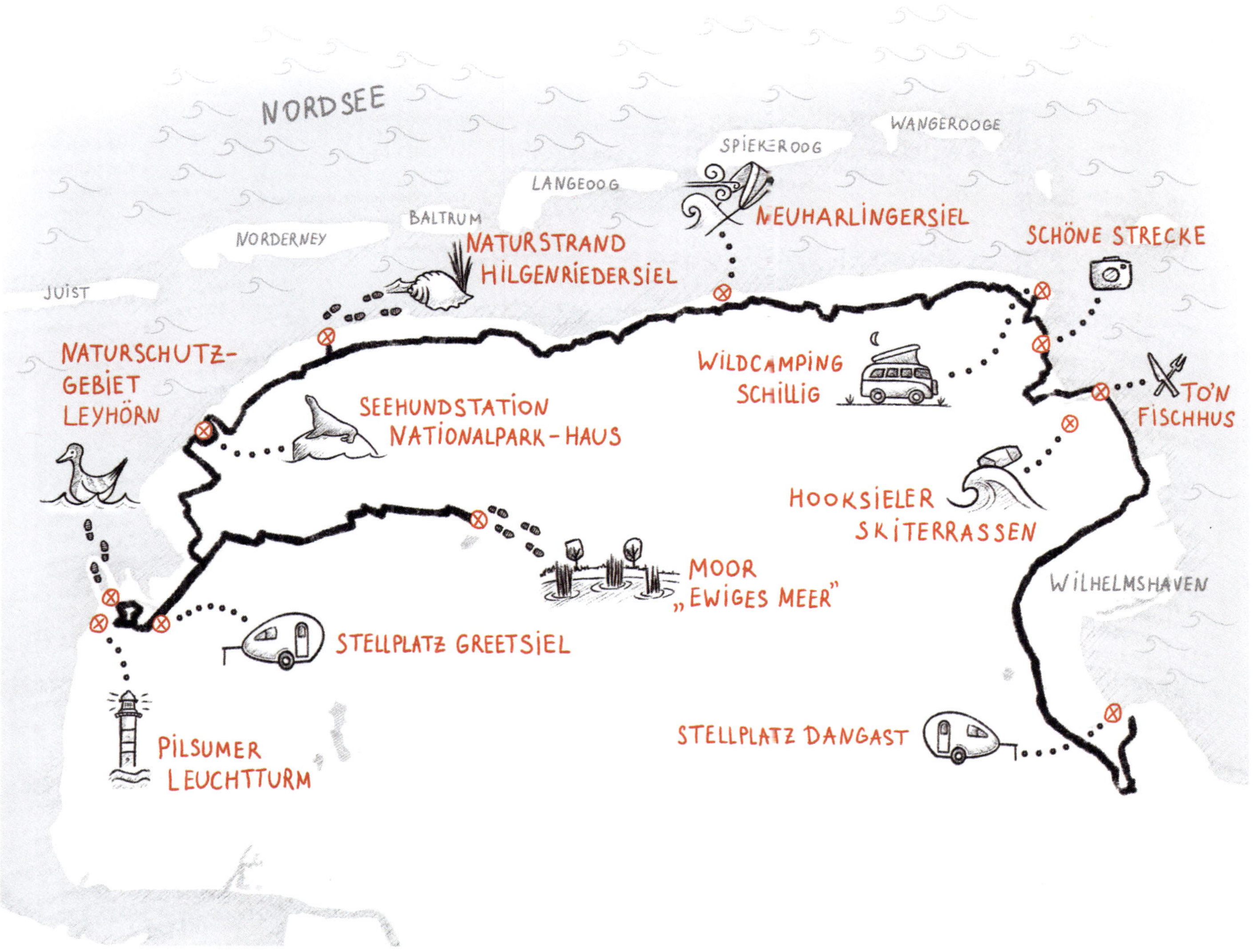

139 km | 3–4 Tage | oliverraatz.de/plattland

WEITE TEILE OSTFRIESLANDS WÜRDE ES OHNE DEN SCHUTZ DER DEICHE HEUTE NICHT GEBEN – VIELLEICHT WIRKEN MANCHE GEGENDEN DESHALB SO DURCHSTRUKTURIERT. GRÖßERE SANDSTRÄNDE SUCHT MAN AUF DEM FESTLAND ÜBRIGENS VERGEBENS. HIERFÜR BITTE EINMAL AUF EINE DER VORGELAGERTEN INSELN HOPPEN.

STELLPLATZ DANGAST

Wer eine weite Anreise hat und diese Tour entspannt angehen möchte, findet hier einen optimalen Stellplatz direkt am Hafen mit Blick auf den Jadebusen. Keine Schranke und keine komplizierten Regelungen. Genau die Art von Stellplätzen, von denen es in Deutschland eigentlich viel mehr geben sollte.

WAKEBOARD & WASSERSKI HOOKSIELER SKITERRASSEN

Eine coole Location am Hooksieler Binnentief. Perfekt, wenn kein Wind ist, oder für diejenigen, denen Kitesurfen zu kompliziert ist. Wer nur zuschauen will, kann es sich mit einem Drink gemütlich machen und den anderen »die Arbeit« überlassen.

WILDCAMPING PARKPLATZ SCHILLIG

Zwar nicht der schönste Ort zum Übernachten, aber ein Stellplatz ist manchmal besser als kein Stellplatz. Der Hundeparkplatz Schillig befindet sich direkt hinterm Deich. Nach dem Aufstehen am besten Laufschuhe anziehen und dem Sonnenaufgang entgegenjoggen.

KITSEPOT NEUHARLINGERSIEL

Aufgrund der strengen Naturschutzregelungen ist es in Ostfriesland leider an nur sehr wenigen Orten erlaubt, seinen Kite zu starten. Einer dieser Spots liegt neben dem Strand von Neuharlingersiel. Große Startfläche und eine Kite- sowie Windsurfschule sind auch vor Ort. www.windloop.de

NATURSTRAND HILGENRIEDERSIEL

Ähnlich wie mit den Kitespots verhält es sich auch mit Wanderwegen in der Natur und direkt am Wasser – man muss sie erst einmal finden. Einen dieser Wanderwege und Zugänge zum Wasser bietet der Naturstrand Hilgenriedersiel.

SEEHUNDSTATION NATIONALPARK-HAUS

Wer mehr über die Nordsee und ihre Bewohner erfahren möchte, macht hier einen Stopp. Seehundbecken und viele interaktive Karten und Tafeln machen die Tour durch die Station nicht für Kinder zu einem spannenden Erlebnis.

HIKE AM NATURSCHUTZGEBIET LEYHÖRN

Gestartet wird am Pilsumer Leuchtturm. Früh aufstehen lohnt sich: bestes Licht, um zu fotografieren und den Fischerbooten beim Rein- und Rausfahren zuzusehen. Alternativ kann man auch mit dem Fahrrad am Deich entlangfahren. Denn der Marsch zu Fuß über den Deich kann einem manchmal sehr lang vorkommen.

WOHNMOBILSTELLPLATZ GREETSIEL

Der Stellplatz befindet sich direkt am Ortseingang und in der Nähe des Hafens von Greetsiel. Zu Fuß ist alles erreichbar, was man braucht. Optimal für einen Zwischenstopp nach einem Tag voller neuer Entdeckungen.

HIKE IM MOOR »EWIGES MEER«

Hat zwar nichts mit Meer zu tun, ist aber trotzdem sehenswert. Interessant für all diejenigen, die sich noch nie mit den Besonderheiten eines Moors beschäftigt haben. Spannende Schautafeln klären auf über die Relevanz dieser Flächen und warum sie in ihrer Existenz bedroht sind.

URWALD Tour

Dichte Wälder, baumfreie Bergkuppen und überall Wasserfälle

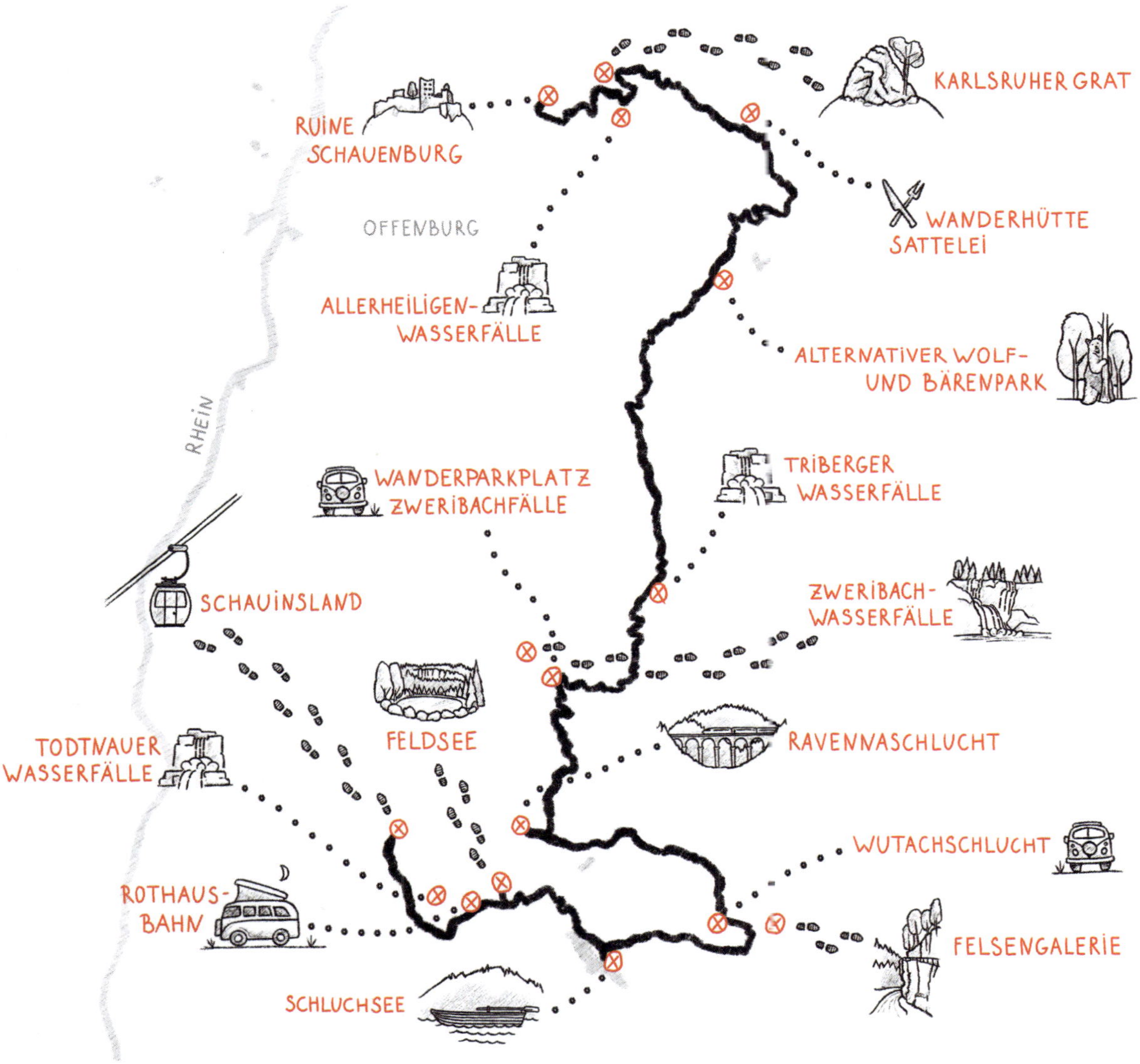

241 km | 4–6 Tage | oliverraatz.de/urwald

ES IST NICHT EINFACH, DIESE REGION IN WENIGEN WORTEN ZUSAMMENZUFASSEN. FEST STEHT, DASS MICH DER SCHWARZWALD AUFGRUND SEINES FACETTENREICHTUMS ABSOLUT POSITIV ÜBERRASCHT HAT UND ICH AUF JEDEN FALL WIEDERKOMMEN WERDE … ES GIBT EINFACH NOCH SO VIEL ZU ENTDECKEN!

SEILBAHN & HIKE SCHAUINSLAND

Um sich einen Überblick über die Region zu verschaffen, geht es zum Start der Tour hoch hinaus. Wer nicht sofort alle Energiereserven aufbrauchen will, wandert einen Teil der Strecke und fährt den zweiten Teil mit der Gondel. www.schauinslandbahn.de

TODTNAUER WASSERFÄLLE

Fans von Wasserfällen kommen im Schwarzwald voll auf ihre Kosten, sodass ich die Tour auch »Wasserfall-Tour« hätte nennen können. Dieser erste Wasserfall, der sich ganze 97 Meter in die Tiefe stürzt, bietet einen schönen kleinen Rundweg um seine verschiedenen Stufen. Ein kostenloser Parkplatz sowie ein kleiner Kiosk, der Erfrischungen anbietet, stehen zur Verfügung, außerdem laden verschiedene Sitz- und Liegeflächen zum Entspannen ein.

WILDCAMPING-PARKPLATZ ROTHAUSBAHN

Wie so häufig in touristisch ausgebauten Regionen ist es auch hier schwer, Parkplätze zu finden, auf denen man über Nacht stehen darf. Eine Ausnahme bildet der Parkplatz in der Nähe der Rothausbahn (siehe Foto). Ein praktischer Zwischenstopp, um Kraft und Energie für die weitere Route zu tanken.

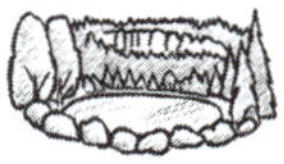

HIKE ZUM FELDSEE

Vom Parkplatz aus geht's zuerst vorbei an den Gondeln, die an einem nebelverhangenen Tag im Sommer ein relativ gespenstisches Bild abgeben. Danach führt der Weg ziemlich direkt in einen beinahe verwunschenen Urwald. Da der Mensch seit einigen Jahren hier nicht mehr in die Natur eingreift, sieht der Wald anders aus, als man ihn sonst in Deutschland kennt: tote Bäume, wilde Vegetation und morsches Holz, aus dem allerlei neue Pflanzen wachsen. Vielleicht habe ich es mir nur eingebildet – aber dieser Wald »fühlt« sich irgendwie auch anders an.

MIT DEM RUDERBOOT ÜBER DEN SCHLUCHSEE

In den Sommermonaten kann man sich Ruderboote ausleihen und über das glasklare Wasser des Schluchsees paddeln. Der See ist jedoch nicht nur auf dem Wasser beeindruckend. Über den nördlich gelegenen Parkplatz gibt es auch eine schöne Wanderroute westlich des Sees. www.staumauer-schluchsee.de

FELSENGALERIE WUTACHSCHLUCHT

Steile Felswände, üppige Vegetation und natürlich wieder viele Wasserfälle. Definitiv eines der Highlights des Schwarzwaldes, in der Hochsaison auch mal etwas überlaufen. Es gibt zahlreiche Wandermöglichkeiten für Einsteiger und Fortgeschrittene – auch geführte Touren werden angeboten. Tourenvorschlag für aktive Menschen, die Lust haben, die komplette Schlucht zu entdecken: morgens starten, den Bulli an der Schattenmühle auf dem Parkplatz stehen lassen, mit dem Bus zur Wutachmühle fahren und dann die ca. 15 Kilometer durch die Schlucht entlang des Bachlaufs zurückwandern.

ZWERIBACH-WASSERFÄLLE

Rein in die Wanderstiefel! Es wartet ein relativ kompakter, steiler und teils holpriger Rundweg. Nicht unbedingt empfehlenswert für Kleinkinder, aber toller Blick ins Tal und viele vorbeiziehende Wasserfälle. Das Gute: Am Ende des Hikes kann man sich im Plattenhof mit einer Stärkung belohnen.

TRIBERGER WASSERFÄLLE

Kurz gesagt: Deutschlands höchste Wasserfälle, und leicht zu erreichen sind sie auch. Das hat zwar den Vorteil, dass man bequem hinkommt und sie gut ausgebaut sind. Allerdings gibt es viele andere Wasserfälle, die sich deutlich »wilder« anfühlen.

WOLF- UND BÄRENPARK SCHWARZWALD

Deutschland ist nicht unbedingt ein Land, das für spannende Wildlife-Safaris bekannt ist. An diesem kleinen Fleckchen wird allerdings alles dafür getan, einigen unserer wilden Einwohner ein möglichst naturgetreues Zuhause zu bieten. Weite Auslaufflächen, gepflegte Anlage und ein engagiertes Personal. Da freuen sich die Tiere und die Besucher.
www.baer.de

WANDERHÜTTE SATTELEI

Auf 706 Meter Höhe inmitten des weit verzweigten Baiersbronner Wanderhimmels lädt man hier zu einer zünftigen Vesper oder zu Kaffee und Kuchen ein. Je nach Jahreszeit werden unterschiedliche traditionelle Klassiker angeboten und gemütlich ist es auch noch. www.bareiss.com

HIKE GOTTSCHLÄGTAL–KARLSRUHER GRAT

Aufgrund des dichten Waldes hat man im Schwarzwald selten einen freien Blick in die Weite. Das ist hier anders. Zum Start der Wanderung ist es noch eher dunkel, kühl und eng. Es geht vorbei an einigen idyllischen Wasserfällen und dann: Licht! Dank der unbewachsenen Felsen erhält man einen spektakulären freien Blick ins weite Tal. Gutes Schuhwerk einpacken! Es geht teilweise relativ steil bergauf und die Felsen können rutschig sein.

ALLERHEILIGEN-WASSERFÄLLE

Wer von Wasserfällen nicht genug bekommen kann, sollte sich diesen auf keinen Fall entgehen lassen. Denn hier wird ein ganzes »Entertainment-Paket« angeboten: Nach dem Marsch entlang des Wasserfalls gibt es eine Klosterruine inklusive kleinem Museum zu erkunden und hungrige Entdecker bekommen im angrenzenden Kloster-Restaurant was Zünftiges zu essen. Gutes Paket!

RUINE SCHAUENBURG

Zum Abschluss keine Wasserfälle, sondern eine Ruine. Die kleine Wanderung vom Parkplatz hoch zur ehemaligen Burg bietet eine tolle Aussicht über die Rheinebene. Die Ruine selbst besitzt zahlreiche schöne Ecken und ist einfach sehenswert. Und zu guter Letzt gibt's in der Burgwirtschaft eine kühle Erfrischung. www.schauenburg.de

VORALPEN Tour

Seen, Flüsse und Moorlandschaften entlang der Alpengrenze

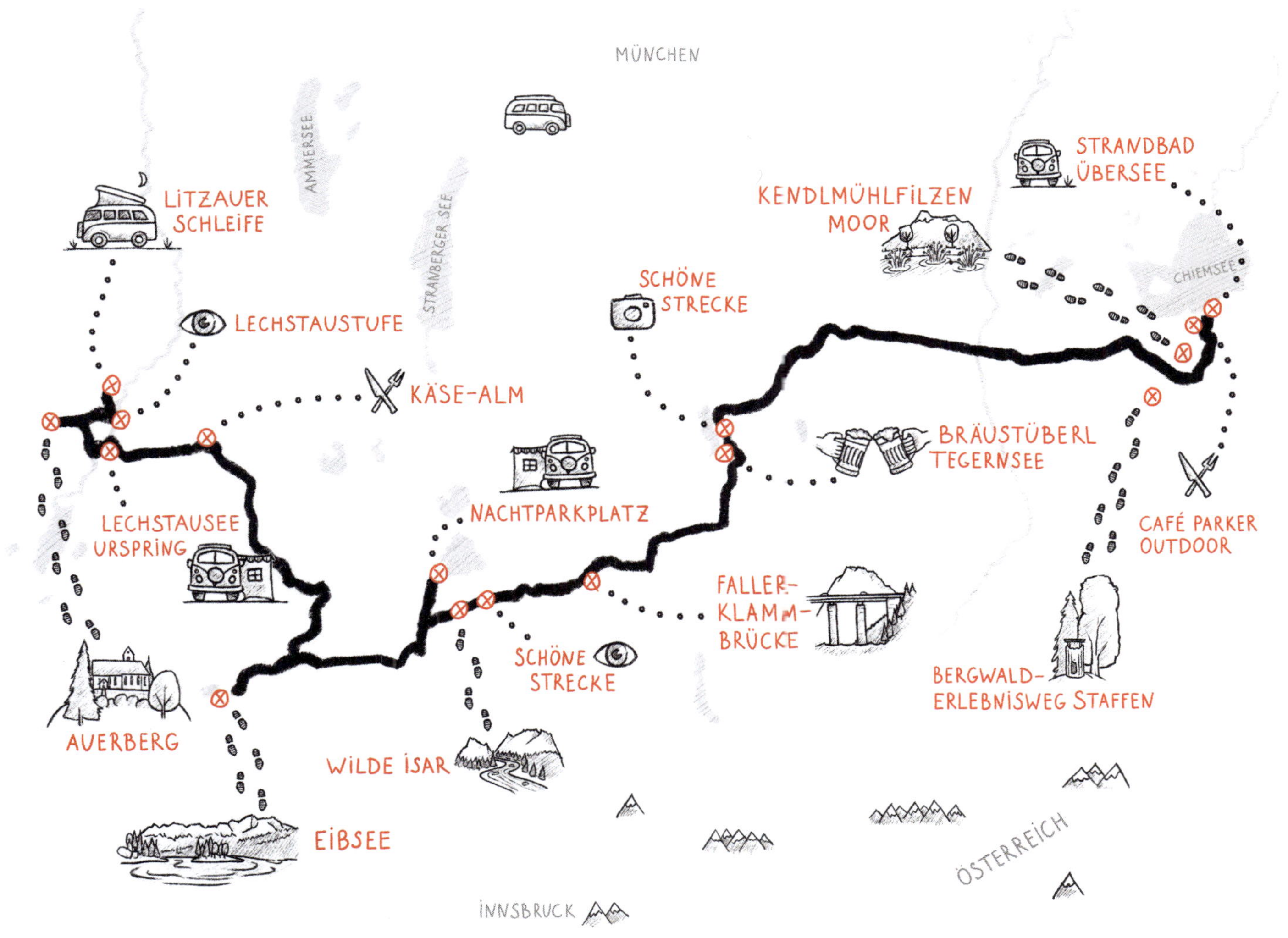

257 km | 4–6 Tage | oliverraatz.de/voralpen

BERGE HABEN AUF MICH EINE MAGISCHE ANZIEHUNGSKRAFT. TROTZDEM KANN ICH MICH NIE ENTSCHEIDEN, WAS ICH FASZINIERENDER FINDE: DAS MEER ODER DIE BERGE. EIN GLÜCK, DASS MAN SICH ALS BULLI-FAHRER NICHT FESTLEGEN MUSS.

HIKE UM DEN EIBSEE

Dank Instagram wahrscheinlich einer der berühmtesten Seen Deutschlands – da musste ich natürlich einen kleinen Halt einlegen. Wegen leichten Nieselregens war ich so gut wie allein mit meinem Hund auf dem Rundweg. Und ich muss sagen: Ja. Kann man machen!

WILDCAMPING MIT WEITBLICK AN DER LITZAUER SCHLEIFE

Früher noch ein unkontrollierbarer und gefährlicher Fluss, ist der Lech mit zahlreichen Staustufen inzwischen stark »gezähmt«. Doch hier, an einer der wenigen noch natürlich erhaltenen Schleifen des Lechs, zeigt er sich von seiner relativ wilden Seite. Ein absoluter Traum, an diesem Spot dem Sonnenaufgang und der Natur beim Erwachen zuzusehen.

HIKE RUND UM DEN AUERBERG

Auf der Spitze des Auerbergs thront eine kleine Kirche mit einer Aussichtsplattform, von der aus man einen wunderbaren Blick über das gesamte Allgäu hat. Es gibt zahlreiche kleine Wege, die vom Parkplatz aus den Auerberg umrunden und zu einer kleinen Wanderung einladen. Zum Abschluss gibt's eine wohlverdiente Belohnung im Panorama-Gasthof Auerberg.

SCHÖNEGGER KÄSE-ALM

Hier gibt's feinsten Käse aus Heumilch (sowie Wurst, Joghurt, Brot und »Schätzle«) aus der Region. Perfekt zum Mitnehmen oder auch zum Genießen vor Ort, dann schauen einem Kühe beim Essen über die Schulter. Wer will, kann beim Kühemelken aushelfen.

LECHSTAUSTUFE 4 DESSAU

Eine von insgesamt 20 Staustufen des Lechs, die als Wasserkraftwerke genutzt werden. Nicht unbedingt eine Schönheit, aber doch beeindruckend. Übrigens auch ein Zwischenstopp des »LechErlebnisWegs«, daher findet man hier auch eine Infotafel und Klangsteine aus dem Lech. www.pfaffen-winkel.de/natur-erleben/lecherlebnisweg

CAMPING AM LECHSTAUSEE URSPRING

Keine Lust auf Wildcamping? Der Campingplatz Via Claudia bietet einen großzügigen Stellplatz für Bullis und Wohnmobile direkt am Lechstausee Urspring.

NACHTPARKPLATZ AM WALCHENSEE

Da übernachten an der wilden Isar verboten ist, kann ich diesen Nachtparkplatz empfehlen. In der Hochsaison aber nicht trödeln: Der Platz ist beliebt und daher schnell voll.

RIDE & HIKE AN DER WILDEN ISAR

Einer der versteckten Orte, wo sich Deutschland noch wirklich wild und unberührt anfühlt: die wilde Isar. Die parallel zum Ufer verlaufende Straße von Wallgau nach Vorderriß ist eine Mautstraße und kostet 4 Euro für Bullis und 7 Euro für WoMos. Es gibt einige Parkbuchten, von denen zahlreiche Wanderwege abgehen. Ich hätte hier tagelang bleiben können.

SYLVENSTEIN-STAUSEE & FALLER-KLAMM-BRÜCKE

Nach der Mautstraße wartet sofort das nächste Highlight: die Faller-Klamm-Brücke am Sylvenstein-Stausee. Kurz nach der Brücke gibt es eine kleine Haltebucht sowie einen Fußweg, von dem aus man über die Brücke laufen kann und einen hervorragenden Blick über den Stausee hat.

BRÄUSTÜBERL TEGERNSEE

Höchste Zeit für eine Stärkung: Wie wär's mit einem kulinarischen Zwischenstopp inklusive Blick auf den Tegernsee?
Das Gute: Nach der vielleicht deftig ausfallenden bayerischen Mahlzeit lädt ein schöner Fußweg am Schlosspark vorbei und parallel zum See zum Verdauungsspaziergang ein.

MOOR-HIKE KENDLMÜHLFILZEN

In Deutschland beinahe ausgestorben: Hochmoore. Dabei waren früher einmal weite Landstriche unserer Heimat von dieser einzigartigen Vegetation durchzogen. Eine kleine Aussichtsplattform in einem dieser letzten und heute größten Hochmoore Bayerns lädt zum Entdecken der Region ein. Und wer mehr über Geschichte, Bedrohung und Tierwelt dieser Region erfahren möchte, erhält im anliegenden kleinen Museum »Salz & Moor« spannende Einblicke in diese bedrohte Region. www.grassau.de/klaushaeusl

ACTION & CAFÉ PARKER OUTDOOR

Von Kajaktouren über Bogenschießen bis zu Seifenkistenrennen: Wer Lust auf etwas Action hat und gleichzeitig die Region entdecken will, ist hier genau richtig. Am besten vorher Kontakt aufnehmen, um sich über aktuelle Angebote zu informieren. Wem das alles zu viel Aufregung ist, der kann sich auch einfach im Café mit Ausblick über den Chiemsee zurücklehnen und entspannen. www.parkeroutdoor.com

OSTWELLE Tour

Steilküsten und sandige Badestrände mit glasklarem Wasser

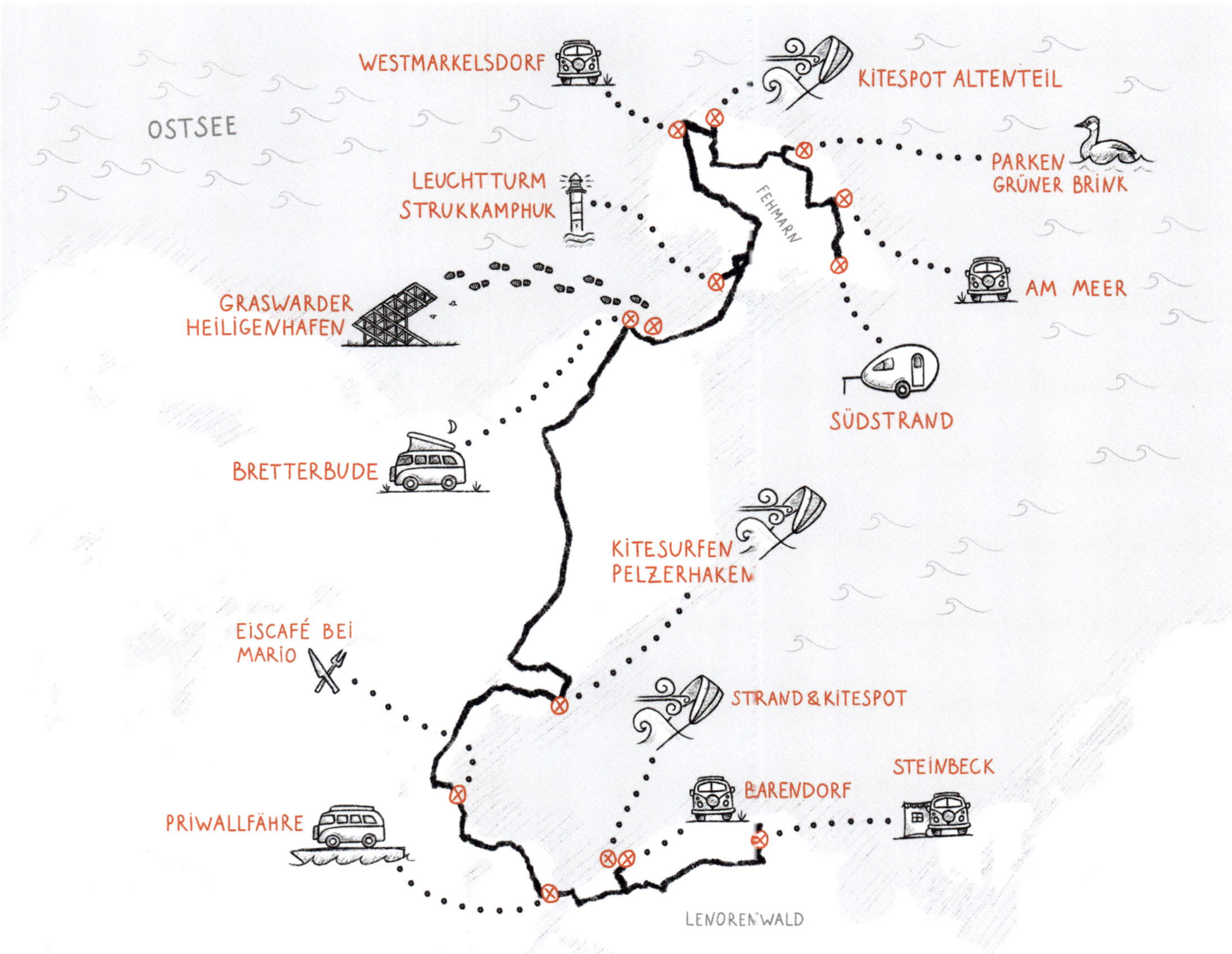

187 km | 3–5 Tage | oliverraatz.de/ostwelle

FÜR MICH WIRD DIESE REGION IMMER ETWAS BESONDERES SEIN. HIER HABE ICH MIT DEM KITESURFEN ANGEFANGEN, WODURCH AUCH MEINE LEIDENSCHAFT FÜR DAS REISEN MIT BULLI NEU ENTFACHT WURDE. DIE OSTSEE MAG ETWAS AUFGERÄUMTER, KLARER UND NICHT SO KRAWALLIG WIE DIE NORDSEE DAHERKOMMEN. SIE SOLLTE JEDOCH NIEMALS UNTERSCHÄTZT WERDEN.

LÜBECKER BUCHT

Wir starten am östlichsten Ende der Bucht und fahren vorbei an zahlreichen Stränden über Brücken und Fähren immer weiter in Richtung Fehmarn. Besonderes Highlight für mich ist die Bretterbude in Heiligenhafen – für Bulli-Fahrer ein absolut einzigartiger Service in Deutschland.

CAMPINGPARKPLATZ STEINBECK

Klein, abgelegen und unkompliziert. Ein optimaler Einstieg für eine Übernachtung nach einer längeren Anfahrt. Man hört häufiger, dass das Personal unfreundlich sei – diese Erfahrung kann ich nicht teilen. Der Parkplatz befindet sich an einer schönen Steilküste und am Kiosk gibt es Kaffee und Kuchen. Willkommen an der Ostsee!

KITESPOT & WILDCAMPING BARENDORF

Schöner, großer Parkplatz und perfekter Ausgangspunkt, um von hier aus zum Kiten zum Strand vorzugehen. Große WoMos dürfen hier nicht parken, mit dem Bulli hat man jedoch keine Probleme.

PRIWALLFÄHRE

Ich mag Fähren. Fühlen sich irgendwie immer sofort nach Urlaub an. Vor allem ist diese hier praktisch, da man sich so ca. 30 Minuten Autofahrt spart. Wem jedoch 4 Euro pro Auto und 1,40 Euro pro Nase zu viel sind, der kann gerne den kleinen Umweg nehmen.

EISCAFÉ BEI MARIO

Klassische alte Eisläden haben einfach was. Genau wie dieses Eiscafé im Stranddorf Scharbeutz. Wer sich überraschen lassen will, bestellt eine der hauseigenen Kreationen. Spaghetti-Eis geht natürlich auch immer.

KITESURFEN PELZERHAKEN

Prima Kitespot an der Ostsee, wo manchmal eine schöne kleine Welle läuft. Für Kiteanfänger gibt es die Surfschule Rettin. Vorsicht beim Einstieg vor den Buhnen. Und wenn der kleine Hunger kommt, gibt's einen Fisch-Imbiss mit lecker Fischbrötchen und mehr.

FREILUFTBUTZE IN DER BRETTERBUDE HEILIGENHAFEN

Im Bulli schlafen und trotzdem die Annehmlichkeiten eines Hotels genießen – die Bretterbude in Heiligenhafen macht's möglich. Einfach Bulli-Stellplatz für 15 Euro pro Nacht buchen und im Hotel Zugang zu Wasseranschlüssen, Duschen, Waschräumen, Toiletten und einem Neopren-Trockenraum erhalten. Was ein Service! www.bretterbude.de

FEHMARN

Eigentlich bin ich eher ein Nordsee-Typ. Und doch zieht es mich immer wieder auf die Insel. Vielleicht liegt es am klaren und weniger salzhaltigen Wasser, vielleicht an den vielseitigen Kitespots, den zahlreichen Events oder an den vielen offiziellen und inoffiziellen Campingspots. Was auch immer es ist ... die Fehmarnsundbrücke am Horizont zu sehen, lässt das Herz immer wieder ein wenig höherschlagen.

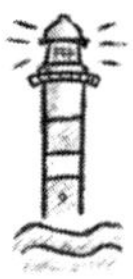

LEUCHTTURM STRUKKAMPHUK

Nicht unbedingt ein aufregender Leuchtturm, dafür aber ein unfassbar ruhiger und schöner Platz mit Blick auf die Fehmarnsundbrücke. Bei Bedarf gibt es hier einen Schlafplatz beim Campingplatz Strukkamphuk inklusive Kite- und Windsurfschule.

KOSTENLOSER PARKPLATZ WESTERMARKELSDORF

Abgelegener Parkplatz für Autos (Höhe max. 2 Meter), auf dem man auch über Nacht stehen darf. Aufgrund des Deichs kein direkter Blick aufs Meer. Trotzdem tolle Lage für Wanderungen ins Naturschutzgebiet und als Kitespot für Fortgeschrittene (Wellen und steiniger Untergrund).

KITESPOT ALTENTEIL MIT CAMPINGPLATZ

Einer der besten Spots für Wellen auf Fehmarn und daher einer meiner Lieblingsplätze auf der Insel. Ähnlich wie Westermarkelsdorf nicht unbedingt empfehlenswert für Anfänger. Der nahe Campingplatz bietet günstigere Camper-Stellplätze und einen türkischen Imbiss mit gutem Döner und freundlichem Service.

WIND. WASSER. WELLE.
MEIN ABSOLUTER
LIEBLINGSSPIELPLATZ!

GRÜNER BRINK

Großzügiger Parkplatz und einer der bekanntesten Kitespots für Anfänger. Einziger Nachteil: Je nach Windrichtung muss man sich auch mal die Nase zuhalten. Der Spitzname dieses Spots lautet daher »Grüner Stink«.

PARKPLATZ AM MEER

Der offizielle Name dieses Parkplatzes sagt eigentlich schon alles: ein Parkplatz am Meer. Nicht mehr. Nicht weniger. Relativ abgelegen und perfekt für einen kurzen Aufenthalt von ein oder zwei Nächten. Bei Ostwind gut als Kitespot geeignet.

CAMPINGPLATZ AM SÜDSTRAND EUROPA-CAMPING

Der Beweis dafür, dass es nicht immer Wildcamping sein muss. Supernette und entspannte Inhaber, schöner Platz direkt am Meer, gepflegte Anlage und gute Stellplätze für Bullis und Co. Hier lässt es sich gut aushalten!

BURGRUINEN Tour

Durch den Pfälzerwald auf den Spuren der Vergänglichkeit

139 km | 3–4 Tage | oliverraatz.de/burgruinen

ES GIBT KEINE REGION IN DEUTSCHLAND, DIE MEHR BURGRUINEN AUFWEISEN KANN ALS DIESER ABENTEUERLICHE LANDSTRICH. DOCH NICHT NUR DIE MENSCHEN HABEN HIER ARCHITEKTONISCHE MEISTERLEISTUNGEN VOLLBRACHT. AUCH DIE NATUR BEEINDRUCKT IM DAHNER FELSENLAND MIT MASSIVEN, SURREAL WIRKENDEN STEINSKULPTUREN.

DAHNER FELSENLAND

Wir starten weit im Süden direkt an der Grenze zu Frankreich in der Nähe der berühmten Wegelnburg. Neben ihren Burgruinen ist die Region, wie der Name schon sagt, vor allem bekannt für ihre spektakulären Felsskulpturen, die wie Raumschiffe aus den dichten Wäldern ragen

WILDCAMPING AUF DEM WANDERPARKPLATZ NOTHWEILER

Ein großzügiger Platz, der sich als Start zu den verschiedenen Sehenswürdigkeiten optimal eignet.

HIKE ZU DEN RUINEN WEGELNBURG UND HOHENBURG

Wegelnburg ist aufgrund der länglichen Bauweise und des Ausblicks in das weite Tal spannender, jedoch wurde die Burg zum Zeitpunkt meiner Tour restauriert. Daher war der Zutritt verboten ... zum Glück ist sie nicht die einzige Burg in dieser Region. Ein kurzer Sprung über die Grenze und schon ist man in der Hohenburg. Ebenfalls sehenswert!

ERZGRUBE ST.ANNA-STOLLEN

Man fühlt sich wie auf einer Reise zurück ins Mittelalter. Tolle geführte Tour, die zeigt, wie Menschen früher unter Tage gearbeitet haben. Die Erzgewinnung erfolgte ausschließlich durch Handarbeit und unter extremen Arbeitsbedingungen. www.nothweiler.de

DAHNER-FELSEN-HIKE

Bei dieser riesigen Auswahl an beeindruckenden Felsformationen fällt es schwer, eine spezifische Empfehlung abzugeben. Auf meiner Tour bin ich zum Büttelfels und den Lämmerfelsen (siehe Fotos) gewandert und war so begeistert, dass ich am liebsten noch mehrere Tage in der Region geblieben wäre. www.dahner-felsenland.net

DIESE ALTEN RUINEN ZU
ENTDECKEN UND HOCHZUKLETTERN …
DA FÜHLT MAN SICH WIEDER
DIREKT WIE EIN KIND.

MITTLERER PFÄLZERWALD

Über kurvige Straßen und steile Täler geht es langsam, aber sicher Richtung Norden. Auf dem Weg gibt es eine so hohe Dichte an Schlossruinen, dass ich das halbe Buch mit Ruinen-Touren hätte füllen können.

BURGRUINE ANEBOS

Wer keine Lust auf lange Wanderungen hat, ist hier genau richtig. Parkplatz quasi vor der Haustür und einen Imbiss für den kleinen Hunger gibt es auch. Die Ruine inklusive riesigem Felskopf kann sich sehen lassen, und wer auf den Geschmack gekommen ist, findet gleich gegenüber die Ruine der Burg Trifels.

HIKE ZUR BURGRUINE NEUSCHARFENECK

Eine beeindruckende Ruine! Den Bulli am besten am Parkplatz »Drei Buchen« abstellen, von hier aus sind es ca. 45 Wanderminuten. Meiner letzten Recherche nach war die Burg zuletzt einsturzgefährdet, weshalb sie zur Restaurierung gesperrt wurde. Daher lieber mal den Status checken, bevor man eine lange Wanderung auf sich nimmt und dann vor einer Sperrung steht. www.neuscharfeneck.de

HIKE ZUM DRACHENFELS

Kleine Abwechslung gefällig? Dann hier entlang! Mit 570 Meter Gipfelhöhe ist der Drachenfels die höchste Erhebung des Pfälzerwaldes. Es gibt zwei Aussichtspunkte: den West- und den Südfelsen. Weitsicht inklusive. Geparkt und gestartet wird am Parkplatz Saupferch.

HH AB 4018

BURGSCHÄNKE WACHTENBURG

Genug geklettert und gewandert, Zeit für eine Stärkung. Die gibt's – wo sonst – in einer alten Burgruine. Familiäre Bedienung, großartige Aussicht und im Sommer ein wunderbarer Biergarten. Was will man mehr?

CAMPINGPARK BAD DÜRKHEIM

Aufgrund der eingeschränkten Zufahrtsmöglichkeiten in die Wälder ist ein öffentlich zugänglicher Wildcamping-Spot schwer zu finden. Wer auf Nummer sicher gehen will, findet im Campingpark KNAUS Bad Dürkheim ein gemütliches Plätzchen. Wer ganz viel Glück hat und vielleicht sogar von einem Förster eine Genehmigung erhält, kann es sich auch bei einem Lagerfeuer am Bulli im Wald gemütlich machen.

BODENSEE Tour

Am Obersee vorbei bis ins Allgäu zum Doppel-Wasserfall

133 km | 3–4 Tage | oliverraatz.de/bodensee

GLASKLARES WASSER, WEINBERGE, SO WEIT DAS AUGE REICHT, UND DAS ALLES EINGERAHMT VON EINEM BEEINDRUCKENDEN ALPENPANORAMA. UND ZUM ABSCHLUSS EIN MAGISCHER DOPPEL-WASSERFALL.

OBERSEE

Fachwerk, Reben und Obstplantagen prägen diese Bodensee-Region. Aktivitäten sind hier kaum Grenzen gesetzt: Wandern, Radfahren, Paddeln, Klettern oder Laufen. In Erinnerung bleiben die Weite und das Farbenspiel des Sees, das Panorama der Alpen und die Entdeckungstouren in die Landschaft. Häufig sind Straßen direkt am Wasser für Autos gesperrt. Daher lohnt es sich, ein Fahrrad auf die Tour mitzunehmen.

HIKE ZUR RUINE ALTBODMAN

Freundliche Kühe grüßen beim Aufstieg. Von der Ruine hat man dann einen großartigen Blick über den Bodensee – und alte Ruinen zu entdecken ist sowieso immer irgendwie faszinierend. Unbedingt anschauen: die kleine, süße Kirche »Burg Frauenberg«. Sie wird noch heute von Nonnen geführt und man fühlt sich direkt um mehrere Jahrhunderte zurückversetzt.

WILDCAMPING PARKPLATZ BODMAN

Unaufgeregter Parkplatz am Ortseingang von Bodman, auf dem Pkws und WoMos gegen eine Gebühr über Nacht stehen dürfen. Ein guter Anlaufpunkt, da Parkplätze in Bodman generell eine Rarität sind und Stellplätze am Bodensee genauso selten.

AUF SUP-TOUR ÜBER DEN BODENSEE

Aus dem Bulli raus und was für die Fitness tun. Egal ob Einsteiger oder erfahrener Paddler, hier bekommt jeder das passende Equipment und darüber hinaus eine individuelle Tourenberatung. www.sup-venture.de

HIKE ZUM AUSSICHTSPUNKT HALDENHOF

Diese Wanderung bietet einen sehr schönen Blick auf den Bodensee. Nur spazieren gehen kann man auch, denn es gibt zahlreiche Wege. Der Schatten spendende Wald macht die Wege sogar bei Hitze gut begehbar. Im Sommer ist es toll, auf der Sonnenterrasse des Gasthauses Haldenhof ein kühles Bier mit Sicht auf den Bodensee zu genießen und die Seele baumeln zu lassen. www.gasthaus-haldenhof.de

WILDCAMPING PARKPLATZ SIPPLINGEN

Einer der wenigen Plätze, die ich entdeckt habe, wo man über Nacht am Wasser stehen darf. Er ist zwar mitten in der Stadt, dafür gibt es eine kleine Bank direkt am See – optimal für ein Picknick. Wer nur auf Wildcamping aus ist, muss sich eben im kalten Wasser abseifen – siehe Bild.

CAMPINGPLATZ BRÄNDLE-KÖHNE

Netter kleiner Campingplatz direkt am Wasser mit SUP-Verleih. Möglichst frühzeitig reservieren, da im Sommer häufig ausgebucht. Optimaler Startpunkt für Erkundungstouren mit dem Fahrrad in die Region. www.untermaurach.de

PARKPLATZ MIT AUSBLICK AM TÖBELE

Wahrscheinlich einer der besten offiziellen Parkplätze am Bodensee direkt neben dem Weinanbaugebiet mit Blick über den See.

RADTOUR ERISKIRCHER RIED

Radeln ist ja häufig die beste Möglichkeit, eine Gegend zu erkunden. So auch hier, da man direkt am Wasser entlangfahren kann und überdies das Naturschutzgebiet aus nächster Nähe zu sehen bekommt.

ALLGÄU

Dieses satte Grün der Wiesen. Dazu die frei auf der Weide umherlaufenden Kühe und ein idyllischer Hügel nach dem anderen. Manchmal ist es schön, wenn Vorurteile bestätigt werden.

KLEINE STÄRKUNG BEIM KÄSSTADL

Auf dem Weg ins Allgäu ergibt sich eine kurze Fahrt durch Österreich mit vielen schönen Ausblicken. Eine angemessene Stärkung mit einer ordentlichen Portion Kässpätzle gibt es wieder auf deutschem Boden in urigem Ambiente beim Kässtadl.

HIKE ZU DEN BUCHENEGGER WASSERFÄLLEN

Bei dieser Wanderung ist die herrliche Erfrischung im kühlen Nass inklusive. Zugegeben: Manchmal ist es nicht einfach, Deutschland als »natürliche Schönheit« zu fotografieren. Doch diese Wasserfälle haben sich genauso angefühlt und ausgesehen, wie sie auf den Fotos abgebildet sind. Da fällt es schwer zu glauben, dass man gerade in Deutschland ist.

LOKALE ZUTATEN BEIM KRÄUTERWIRT RÖSSLE

In Stiefenhofen unbedingt im Wirtshaus Rössle einkehren! Der Wirt experimentiert mit Kräutern aus dem Allgäu – allein der Salat war schon ein Erlebnis. Alles wird mit regionalen Zutaten zubereitet, ist unfassbar lecker und wird gekrönt von superfreundlichem Personal.

RHÖN Tour

UNESCO-Schutz für zwei der Top-Spots dieser Tour

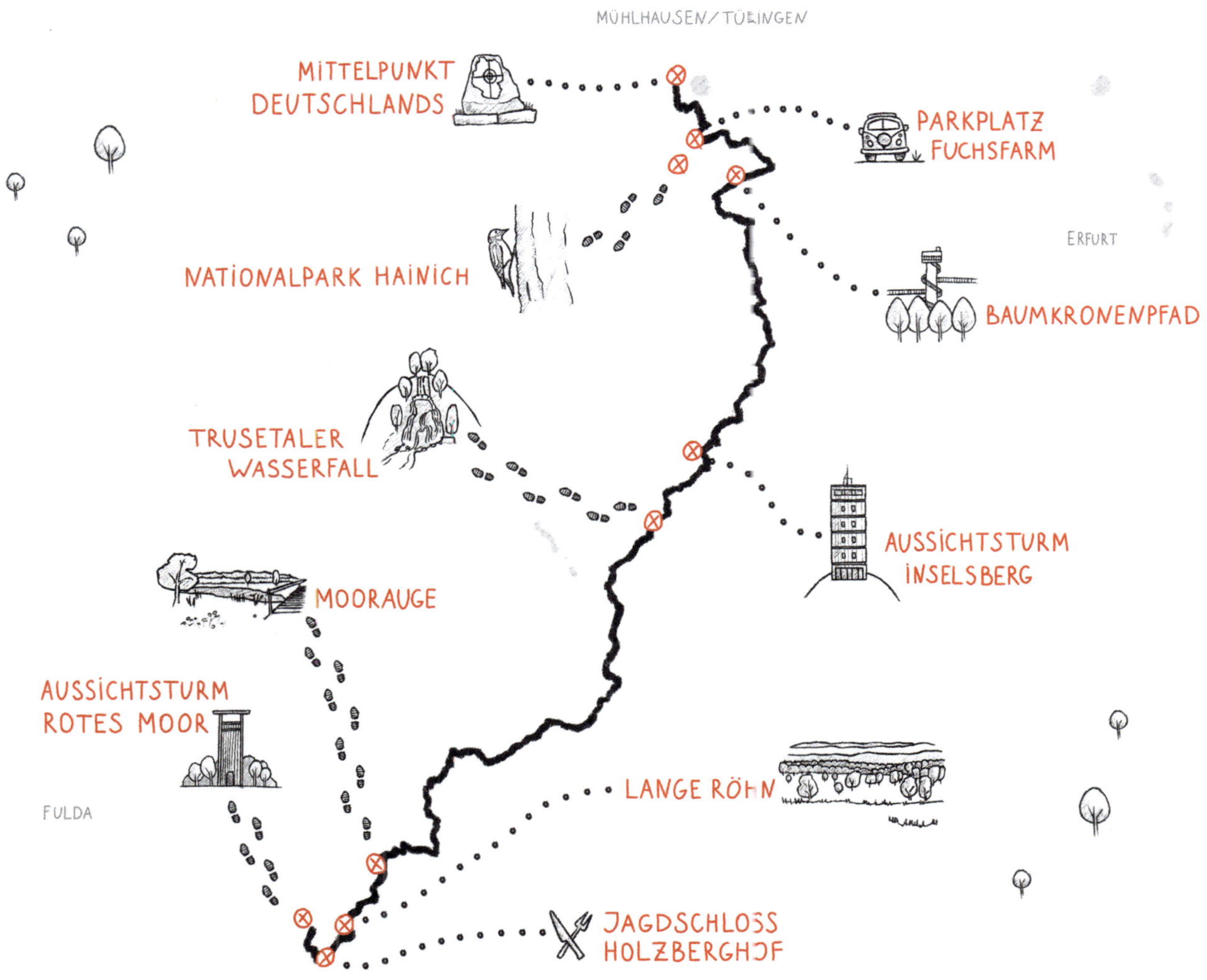

139 km | 3–4 Tage | oliverraatz.de/rhoen

ICH WEIß NICHT GENAU, WARUM MIR DIESE TOUR SO LEBENDIG IN ERINNERUNG GEBLIEBEN IST. VIELLEICHT, WEIL ICH NICHT MIT SO VIEL FASZINATION GERECHNET HATTE ... ODER VIELLEICHT WEGEN DER UNTER NATURSCHUTZ STEHENDEN BUCHENWÄLDER UND MOORE. VIELLEICHT AUCH EINFACH NUR, WEIL DIES EIN GANZ BESONDERES FLECKCHEN ERDE IST.

DER MITTELPUNKT DEUTSCHLANDS

Die Tour startet am Mittelpunkt Deutschlands. Banaler Spot, aber trotzdem irgendwie spannend – ein bisschen wie »unnützes Wissen«. Ein Mittelpunktstein auf einem kleinen Platz markiert diesen berechneten Ort. Außerdem sehenswert: die ehemalige Ausgrabungsstätte Opfermoor inklusive eines kleinen Museums. Bei Bedarf kann man auf dem Parkplatz auch über Nacht stehen bleiben. www.opfermoor.de

HIKE IM NATIONALPARK HAINICH

Das Gelände des Nationalparks ist ein ehemaliges Militärgebiet und zählt heute zum UNESCO-Weltnaturerbe Buchenurwälder. Es gibt zahlreiche verschiedene Möglichkeiten, diesen Wald zu entdecken. Die für mich spannendste: den Bulli beim Parkplatz Fuchsfarm abstellen und von hier aus quer durch den Wald wandern. Anfangs noch ein barrierefrei ausgebauter Fußweg, wird dieser schnell zum kleinen Trampelpfad mitten durch diesen faszinierenden, wilden Buchenwald. Nach der Wanderung eine Brotzeit bei der Fuchsfarm einlegen. Lecker!

BAUMKRONENPFAD

Ebenfalls Teil des Hainich-Nationalparks ist der Baumkronenpfad. Der über den Bäumen angelegte Wanderweg bietet einen gänzlich neuen Blick auf den Wald und informiert mit zahlreichen Schautafeln über das Leben der Bäume. www.baumkronen-pfad.de

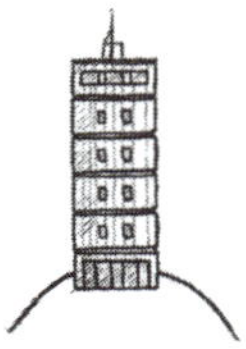

AUSSICHTSTURM INSELSBERG

Aussichtstürme gehen immer. Daher ein netter Zwischenstopp für eine kleine Pause (Foto links). 21 Meter ragt der Turm auf dem Gipfel des 916 Meter hohen Inselsbergs auf und er bietet einen beeindruckenden Ausblick und darüber hinaus eine Ausstellung zur Region. An klaren Tagen kann man von hier sogar den Brocken im Harz erkennen. Auch ohne Eintritt in den Turm hat man Spaß an der großartigen Aussicht und am steilen Serpentinen-weg. www.tabarz.de

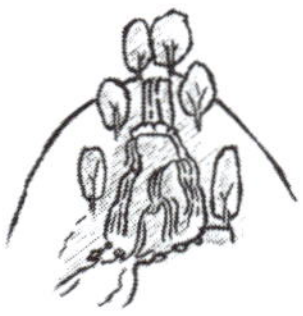

TRUSETALER WASSERFALL

Ein künstlich angelegter Wasserfall, was die Faszination jedoch nicht mindert. 58 Meter braust das Wasser in die Tiefe. Vor allem beeindruckend, wenn man bedenkt, dass dieses Naturdenkmal 1865 angelegt wurde. Man kann die Treppen zum Wasserfall hochlaufen und oben dem ebenfalls künstlich angelegten Wasserfallgraben durch den Wald folgen. www.thueringen.info/trusetaler-wasserfall.html

LANGE RHÖN

Ob es am Wetter, dem Licht oder an meiner Einbildung lag: Die Fahrt über die Lange Rhön gehört zweifellos zu meinen unerwartet schönsten Momenten auf der Tour durch Deutschland. Diese riesige, landwirtschaftlich ungenutzte Fläche, der weite Blick und das Licht kurz nach Sonnenaufgang ... ich konnte gar nicht mehr mit dem Fotografieren aufhören. Etwas sonderlich: Zum Naturschutz des UNESCO-Biosphärenreservats Rhön darf man nur mit dem Auto durch die Region fahren – Wandern und Fahrradfahren sind verboten. Wer trotzdem das Gebiet zu Fuß erkunden will, fährt zum Schwarzen Moor, wo es einen spannenden Rundweg samt zahlreicher Infotafeln und Aussichtsturm gibt.

JAGDSCHLOSS HOLZBERGHOF

Ein Schloss wie aus einem Märchen. Zum Glück entspringt es nicht meiner Fantasie, sondern existiert in der Realität und man kann es sogar betreten. Zu sehen bzw. zu essen gibt es typisch regionale Gerichte in urigem Ambiente und mit netter Bedienung. Zauberhaft.

AUSSICHTSTURM ROTES MOOR

Wer nicht bereits das Schwarze Moor der Langen Rhön erkundet hat, sollte sich spätestens jetzt auf den Weg durch dieses Rote Moor machen. Ein schön ausgebauter Holzpfad, ein Aussichtsturm, faszinierende Vegetation und interessante Infotafeln machen diesen Ausflug zu einem spannenden Erlebnis.

FRANKEN Tour

Hier gibt's viel zu entdecken – und kulinarisch sowieso

228 km **3–4 Tage** **oliverraatz.de/franken**

VIELE JAHRE HABE ICH IN ERLANGEN GELEBT – ALSO QUASI MITTEN IN FRANKEN. OBWOHL ICH DACHTE, DIE REGION BEREITS GUT ZU KENNEN, WAR ICH BEI MEINER RECHERCHE FÜR DIESES BUCH ÜBERRASCHT, WAS ES NOCH ALLES ZU ENTDECKEN GIBT.

MITTELFRANKEN

On tour mit meiner Mutter durch meine alte Heimat. Zehn Jahre habe ich hier gelebt. Abi, Zivildienst und Ausbildung bei Adidas. Immer wenn ich zurück in die Region komme, muss ich mindestens einen Schweinebraten essen und natürlich landet auch gerne ein Karpfen auf dem Teller. Es gibt ihn allerdings nur in den Monaten mit einem »R«, also im September, Oktober, November usw.

BIERGARTEN ZUR LUDWIGSHÖHE
Einer meiner absoluten Lieblingsbiergärten in der Region. Klein, Hammerausblick in die Fränkische Schweiz und gutes Schäufele (Schweinebraten) mit Kloß und Soß.

RESTAURANT POLSTERS KLOSTERHOF
Zünftiges fränkisches Restaurant mit gutem Karpfen, Braten und allen anderen Schweinereien, die für die Region typisch sind.

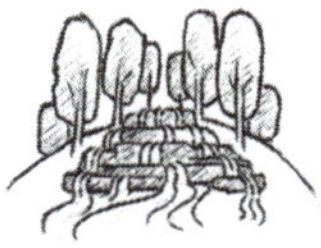

HIKE ZU DEN SINTERTERRASSEN

Auto am Parkplatz an den Sinterstufen abstellen und los geht der Marsch in das Lillachtal. Der Wanderweg verläuft u. a. direkt an der Lillach, die über kleine Kalkstufen das Tal hinunterfließt.

STEINBRUCH BEI GRÄFENBERG

Deutschland hat vielleicht keinen Grand Canyon, dafür aber mindestens genauso beeindruckende Steinbrüche. Das große Bild zeigt den Steinbruch bei Gräfenberg, das kleine den Steinbruch Kaider bei Wattendorf.

HIKE AM EIBGRAT

Für alle, die auf Kraxeln stehen: Der Eibgrat ist ein einsames, ursprüngliches Wandergebiet mit toller Gratbegehung und kleinen Kletterabschnitten. Mit Hund daher nur bedingt empfehlenswert. Nach ca. 40-minütiger Wanderung kann man im Reuthof einkehren und sich für den Rückweg stärken.

TEUFELSHÖHLE POTTENSTEIN

Eine kleine Abwechslung zum Hiken durch Wiesen und Wälder gefällig? Wie wär's mit einem Ausflug unter die Erde. Die Teufelshöhle bietet zahlreiche unterirdische Kammern mit schier unendlich vielen Stalaktiten und Stalagmiten. Auf jeden Fall warm anziehen – es wird kalt da unten!

CAMPING AN DER BÄRENSCHLUCHT

Willkommen in der Fränkischen Schweiz, optimaler Zeitpunkt für einen Zwischenstopp. An diesem gepflegten Campingplatz mit guter Lage direkt neben der Bärenschlucht und einem eigenen Gasthaus lässt es sich hervorragend ein oder zwei Nächte aushalten.

Klettersteig
Begehen auf eigene
Gefahr

OBERFRANKEN

Auf in den Norden! Wir lassen die für die Fränkische Schweiz charakteristische Berg- und Hügellandschaft hinter uns und fahren in die nächste Berglandschaft: in die Wälder des Fichtelgebirges.

HIKE VOM FELSENLABYRINTH ZUM BURGSTEINFELSEN

Das Felsenlabyrinth Luisenburg ist definitiv eine Reise wert, in der Hochsaison jedoch schnell überlaufen. Ein Glück, dass es in der Nähe mit Kaiserfelsen und Burgsteinfelsen perfekte Ausflugsziele für eine kleine Wanderung raus aus dem Trubel gibt.

CAMPINGPLATZ FICHTELSEE

Viel Naturschutzgebiet bedeutet zwar viel Natur, aber leider meist auch nur wenige Stellplätze, an denen man offiziell über Nacht parken darf. Wer keine Lust auf langes Suchen hat, findet hier ein sicheres Plätzchen. Schön neben dem Fichtelsee gelegen, lässt es sich hier auch über eine Nacht hinaus gut aushalten.

WIRTSHAUSBRAUEREI KOMMUNBRÄU

Zum Abschluss ein letzter fränkischer Gaumenschmaus. Die urige fränkische Wirtshausbrauerei ist ein Familienbetrieb mit eigens gebrautem Bier. Unbedingt die Bratwürste probieren, eine Spezialität aus der Kulmbacher Region. Sie gibt's in drei Varianten: als »Brodwärscht« (feine Bratwurst), »Blaug'sudna« (im Zwiebelsud gekocht) oder »Ausg'straafta« (rohe Bratwurst). So fein, so gut.

KRAXELN AM KEMITZENSTEIN

Egal ob zum Klettern oder einfach nur für einen Spaziergang – schöner Ort und nette Wanderung durch den Wald. Und falls es einmal knallen sollte, nicht wundern. Dann wurde im benachbarten Steinschlag wahrscheinlich wieder rumgeböllert.

HEIDE Tour

Die kürzeste Tour hat es faustdick hinter der Heideblüte.

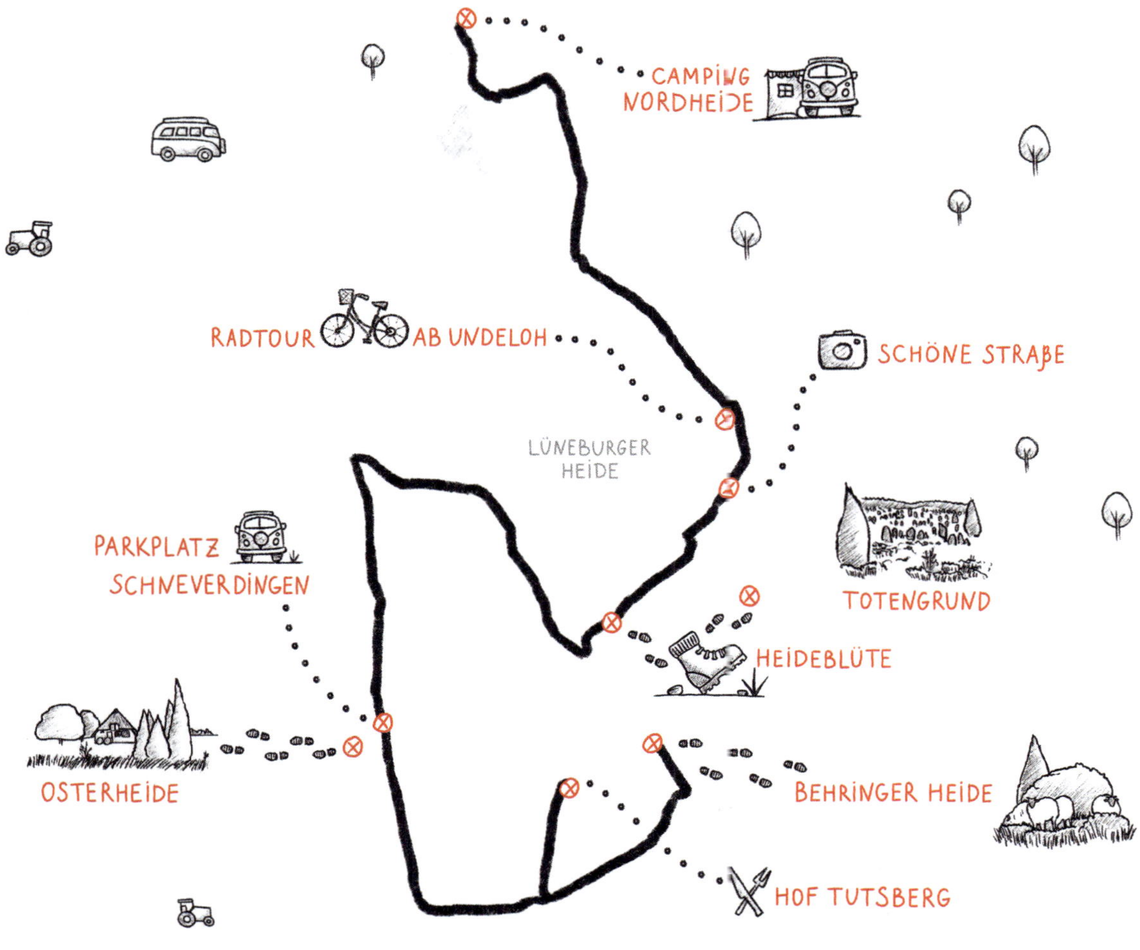

56 km | 1–2 Tage | oliverraatz.de/heide

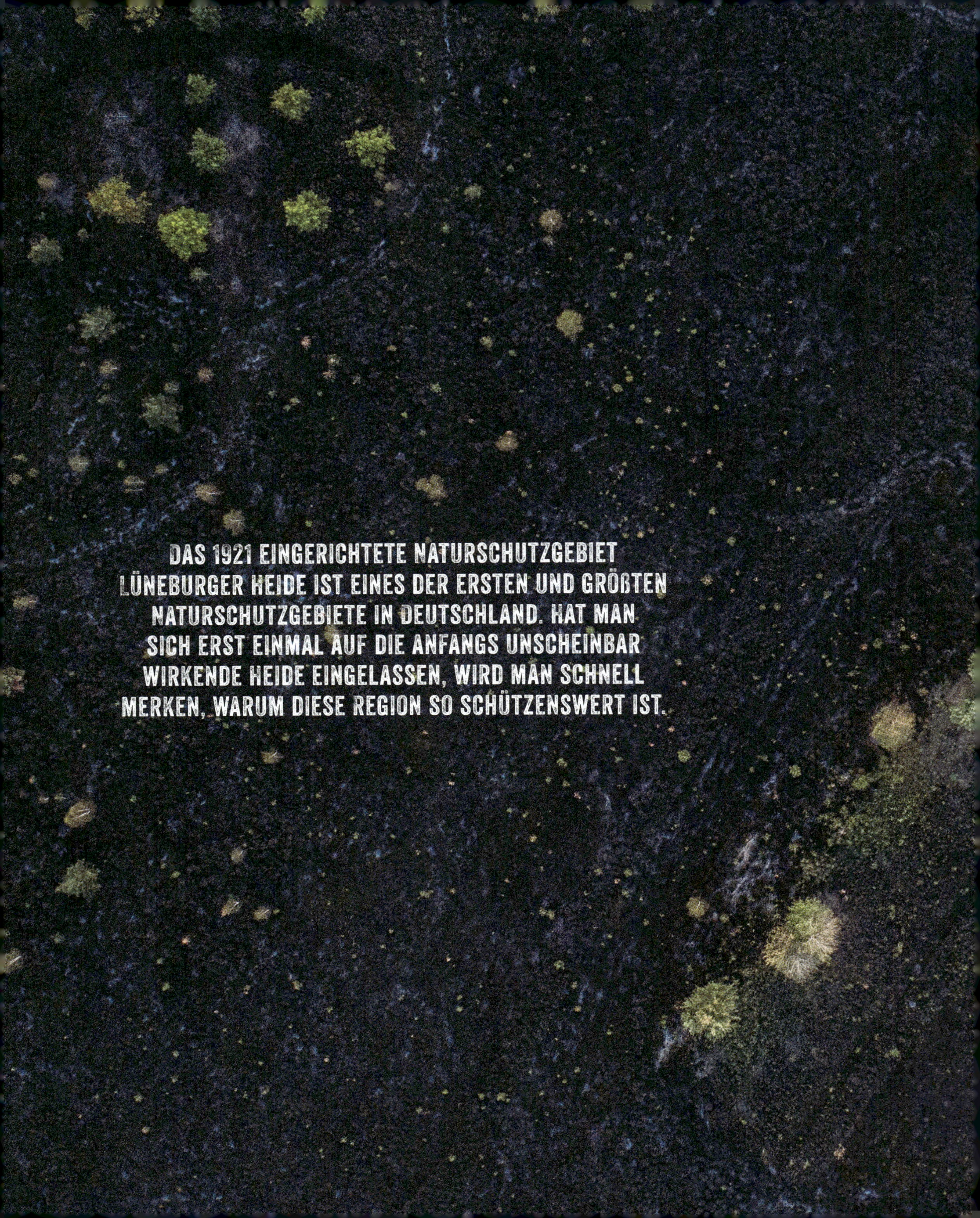

DAS 1921 EINGERICHTETE NATURSCHUTZGEBIET LÜNEBURGER HEIDE IST EINES DER ERSTEN UND GRÖßTEN NATURSCHUTZGEBIETE IN DEUTSCHLAND. HAT MAN SICH ERST EINMAL AUF DIE ANFANGS UNSCHEINBAR WIRKENDE HEIDE EINGELASSEN, WIRD MAN SCHNELL MERKEN, WARUM DIESE REGION SO SCHÜTZENSWERT IST.

HIKE DURCH DIE BEHRINGER HEIDE

Bulli stehen lassen, Wanderstiefel an und los geht's. Von hier aus startet eine schöne Wanderung durch die Heidelandschaft. Schilder liefern weitere Informationen über das Naturschutzgebiet und der Rundweg ist je nach Wanderlust individuell gestaltbar.

HOF TÜTSBERG

Der idyllische Hof mitten in der Heide bietet je nach Wetterlage drinnen oder draußen Plätze. Das Restaurant serviert gutes regionales Essen, Kuchen oder einfach nur eine kühle Erfrischung. Prost!

OSTERHEIDE-HIKE

Dieser Bereich der Heide beeindruckt durch die dunkle Vegetation, wodurch das Umfeld schnell etwas mystisch wirken kann (siehe Bild vorherige Seite). Bulli am Parkplatz an der B3 stehen lassen und am besten einem der Wege Richtung Silvestersee folgen.

HEIDEBLÜTE-WANDERWEG ZUM TOTENGRUND

Da die Heide via Pkw nur eingeschränkt befahrbar ist, gilt auch hier: Bulli abstellen und loswandern. Der Totengrund, ein ca. 30 Hektar großer Talkessel, zählt zu den Highlights der Heide und ist von hier aus gut zu Fuß erreichbar.

RADTOUR AB UNDELOH

Neuer Parkplatz, anderes Fortbewegungsmittel, gleiches Prinzip: Die Region südöstlich von Undeloh bietet zahlreiche unterschiedliche Fahrradstrecken. Optimal, um eine etwas größere Region der Heide zu entdecken.

CAMPING NORDHEIDE

Leider ist wie in fast allen touristisch interessanten Gebieten auch in der Heide das Parken über Nacht nur sehr eingeschränkt gestattet. Wer keine Lust auf langes Suchen hat, findet hier einen gepflegten Campingplatz. Dank Badesee im Sommer nicht nur für Kinder eine wunderbare Spielwiese zum Erfrischen und Planschen. www.campingplatz-nordheide.de

ANKOMMEN

Jetzt bin ich tatsächlich angekommen. Am Ende der Touren und auf den letzten Seiten meines ersten eigenen Buches. Wie fast alle Projekte ist auch das hier deutlich aufwendiger ausgefallen, als ich es ursprünglich geplant hatte. Motorausfälle, gesperrte Straßen, Festplattenabstürze ... und am Ende galt es außerdem, alle Eindrücke und Bilder auf diesen Seiten zusammenzuführen. Ein Glück, dass mir Kanto, mein treuer Begleiter auf vier Pfoten, von der ersten bis zur letzten Tour stets zur Seite stand.

Ich bin unendlich dankbar für die zahlreichen unvergesslichen Erfahrungen, die ich auf diesen Touren sammeln und hier auch noch in einem Buch festhalten konnte. Unsere Heimat auf diese Weise entdecken zu dürfen und das zugleich mit weiteren Bulli-Fahrern teilen zu können, ist ein großes Geschenk.

Du hast Anmerkungen oder möchtest Videos und weitere Bilder meiner nächsten Touren sehen? Dann findest du mich auf Instagram und YouTube unter meinem Namen »Oliver Raatz«. Ich freue mich, von dir zu hören!

DANKE

Ohne eure Unterstützung und euren Einfluss hätte es dieses Buch niemals gegeben. Danke für euren Support!

Julia Raatz, Lutz Englert, Wolf Recke, Conrad Wilsdorf, Michael Zolch, Marina Furman, Mara Raatz, Oliver Klotzbüchner, Patricia Kleeberg, Antje Kühn, Philipp Vaerst, Alexandra Hamel, Bobbykite Crew, Jens Köhler, Jo Vieten, AHOI BULLI Crew, Marcus Wolff, Harald Willenbrock, Alexander Steiner, Kerstin Thiele und Kanto.

IMPRESSUM

Verantwortlich: Kerstin Thiele
Lektorat: Michaela Zelfel
Layout: Helen Garner, Oliver Raatz
Illustrationen: Marina Furman und Michael Zölch
Repro: LUDWIG:media
Herstellung: Anna Katavic
Printed in Slovenia by Florjancic

★★★★★

Sind Sie mit diesem Titel zufrieden? Dann würden wir uns über ihre Weiterempfehlung freuen. Erzählen Sie es im Freundeskreis, berichten Sie ihrem Buchhändler, oder bewerten Sie bei Onlinekauf. Und wenn Sie Kritik, Korrekturen, Aktualisierungen haben, freuen wir uns über Ihre Nachricht an Bruckmann Verlag, Postfach 40 02 09, D-08702 München oder per E-Mail an lektorat@verlagshaus.de

Unser komplettes Programm finden Sie unter www.bruckmann.de

Alle Angaben dieses Werkes wurden vom Autor sorgfältig recherchiert und auf den neuesten Stand gebracht sowie vom Verlag geprüft. Für die Richtigkeit der Angaben kann jedoch keine Haftung übernommen werden, weshalb die Nutzung auf eigene Gefahr erfolgt. Insbesondere bei GPS-Daten können Abweichungen nicht ausgeschlossen werden. Sollte diese Werk Links auf Webseiten Dritter enthalten, so machen wir uns die Inhalte nicht zu eigen und übernehmen für die Inhalte keine Haftung.

In diesem Buch wird aus Gründen der besseren Lesbarkeit das generische Maskulinum verwendet. Weibliche und anderweitige Geschlechteridentitäten sind dabei ausdrücklich mitgemeint, soweit es für die Aussage erforderlich ist.

Bildnachweis: Alle Bilder stammen vom Autor mit Ausnahme von: Conrad Wilsdorf: Coverbild und Profilbild im Umschlag; Mara Brigida Raatz: S.206, 219; Oliver Klotzbücher: S.11; Alexandra Hamel: Umschlagrückseite.
Ortsangaben unbeschrifteter Bilder: S.4/5 Faller-Klamm-Brücke am Sylvenstein-Stausee, S.24/25 Rothaarkamm am Grenzweg, S.26 Brücke nach Ummanz, S.28/29 Vorpommersche Boddenküste, S.38/39 Kap Arkona, S.48/49 Hochharz, S.52 Schnarcher-Klippe, S.58 Gobenowsee, S.70 Blick auf Lilienstein, S.72/73 Schwarzwassertal, S.82 Sankt Peter-Ording, S.100 Hochleiblick Weiler, S.102/103 Laubachtal, S.114 Leybucht, S.126 Schluchsee, S.138/139 Wilde Isar, S.150 Campingplatz Steinbeck, S.152/153 Ostsee bei Boltenhagen, S.156 Parkplatz am Meer, Fehmarn, S.166/167 Sonnenaufgang Parkplatz am Meer, S.182/183 Bodensee bei Goldbach, S.190 Jagdschloss Holzberghof, S.192, 198, 199 Lange Rhön, S.202 Felder bei Ebersbach, S.214/215 Osterheide

Die Deutsche Nationalbibliothek verzeichnet diese Publikation in der Deutschen Nationalbibliografie; detaillierte bibliografische Daten sind im Internet über http://dnb.d-nb.de abrufbar.

2. aktualisierte Auflage

Infanteriestraße 11a, 80797 München

ISBN 978-3-7343-1696-8